Franz Rapf

AKTIEN-
STRATEGIEN

- Riesengewinne durch konsequente Depotpflege

Die Deutsche Bibliothek – CIP-Einheitsaufnahme

Rapf, Franz:
Aktienstrategien : Riesengewinne durch konsequente Depotpflege /
Franz Rapf. – 2. Aufl. – Regensburg ; Berlin : Walhalla-Fachverl., 2000
1. Aufl. u. d. T.: Rapf, Franz: Börsenstrategien
(Geld & Gewinn)
ISBN 3-8029-3636-1

Zitiervorschlag:
Franz Rapf, Aktienstrategien
Regensburg/Berlin, 2000

Hinweis: Unsere Ratgeber sind stets bemüht, Sie nach bestem Wissen zu informieren.
Die vorliegende Ausgabe beruht auf dem Stand von April 2000. Verbindliche Auskünfte holen
Sie gegebenenfalls bei Ihrem Bank- bzw. Steuerberater oder Rechtsanwalt ein.

© Walhalla u. Praetoria Verlag GmbH & Co. KG, Regensburg/Berlin
Alle Rechte, insbesondere das Recht der Vervielfältigung und Verbreitung
sowie der Übersetzung, vorbehalten. Kein Teil des Werkes darf in irgendeiner Form
(durch Fotokopie, Datenübertragung oder ein anderes Verfahren) ohne schriftliche
Genehmigung des Verlages reproduziert oder unter Verwendung elektronischer
Systeme gespeichert, verarbeitet, vervielfältigt oder verbreitet werden.
Produktion: Walhalla Fachverlag, 93042 Regensburg
Umschlaggestaltung: Gruber & König, Augsburg
Druck und Bindung: Westermann Druck Zwickau GmbH
Printed in Germany
ISBN 3-8029-3636-1

Nutzen Sie das Inhaltsmenü:
Die Schnellübersicht führt Sie zu Ihrem Thema.
Die Kapitelüberschriften führen Sie zur Lösung.

Erfolgreich an der Börse 7

1 Die Börsenkarriere optimal starten 9

2 Wichtiges Börsen-Know-how . . . 27

3 Gewinnbringende Börsenstrategien und -taktiken 53

4 Profi-Tipps für Riesengewinne . . . 109

Börse konkret 171

Findex 173

Erfolgreich an der Börse

Wenn auch Sie geldsensibler als der Durchschnitt sind, wird Ihnen das Buch dabei helfen, sehr viel Geld zu verdienen. Wichtig ist, dass Sie mindestens einmal im Monat, besser noch wöchentlich über Geld nachdenken.

Nach der Lektüre des Buches werden die Begriffe „Chance" und „Risiko" einen völlig neuen Stellenwert für Sie haben. Schon jetzt erkennen immer mehr Sparer, dass es ihnen aufgrund unserer Steuergesetzgebung kaum mehr möglich ist, ihr Vermögen auch nur zu erhalten, geschweige denn zu vermehren. Wer zu geldnah anlegt, d. h. extrem risikoscheu ist, der muss diesen Preis eben zahlen. Besser ist es natürlich, das Chance-Risiko-Denken auf eine neue Ebene zu bringen, wobei man eine objektivere Sicht der Dinge gewinnt. Denn wer künftige Trends vorhersagen, wirtschaftliche Krisen interpretieren, Finanzen und internationale Politik gut einschätzen kann, der kann an der Börse sehr viel Geld verdienen.

Sparer und konservative Investoren haben große Gewinnchancen, wenn sie sich an das vorliegende strategische Konzept halten. Manch braver Anleger wird dank der zyklisch-dynamischen Strategie zum Börsenmillionär. Wem dies nicht ausreicht, der entscheidet sich für die aggressive Erfolgsstrategie, mit der man in kurzer Zeit Riesengewinne an der Börse einfahren kann. Schließlich lässt sich auch dieses Konzept noch steigern, wenn man sich der Dynamit-Strategie verschreibt.

Viel Erfolg bei der Lektüre und für die anschließende Börsenpraxis wünscht Ihnen

Franz Rapf

Die Börsenkarriere optimal starten

1

So bereiten Sie sich vor 10

Handeln Sie überlegt und gezielt! 15

Testen Sie:
Welcher Börsentyp sind Sie? 17

Die Börsenkarriere optimal starten

So bereiten Sie sich vor

Zwei Börsianer starten zum gleichen Zeitpunkt ihre Laufbahn mit Aktien, Optionsscheinen und Optionen. Ihre Anfangsvoraussetzungen sind allerdings höchst verschieden. Hat der eine 100 000 Euro auf dem Konto, so verfügt der andere nur über 10 000 Euro, die er sich noch dazu hart erarbeiten musste. Es ist jedoch durchaus möglich, ja sogar höchstwahrscheinlich, dass sich beide ein, zwei Jahre später in der Mitte bei ungefähr 50 000 Euro wiedertreffen. Natürlich ohne einander zu kennen, denn an der Börse erfolgt der Handel nach außen hin anonym. Das bedeutet nichts anderes, als dass der Kleinspekulant äußerst erfolgreich war, da er sein Kapital verfünffacht hat. Der andere hat glatt die Hälfte seines Einsatzes verloren.

Ist das realistisch oder nur eine schlechte Story? Es ist ganz einfach Börsenpraxis.

> **Praxis-Tipp:**
>
> Wer aufs Geratewohl Aktien kauft, kann auf lange Sicht nicht erfolgreich sein. Wer sich hingegen eine differenzierte Börsensicht erarbeitet, seine Emotionen unter Kontrolle hält und ständig aus seinen Erfahrungen lernt, kann an der Börse ungeheuer große Gewinne erzielen.

Bereiten Sie deshalb Ihre ersten Börsengeschäfte besonders sorgfältig vor. Sollten Sie bereits an der Börse aktiv sein und sich die ganz großen Gewinne bis jetzt nicht eingestellt haben, so tun Sie einfach so, als wären Sie wieder ein blutiger Anfänger. Vergessen Sie Ihre Fehler von gestern, und wenn schon Fehler sein müssen, so machen Sie neue, andere.

So bereiten Sie sich vor

Die alles entscheidenden vier Fragen zu Beginn Ihrer Karriere als Börsianer lauten:
- Wie groß sind Ihre Fähigkeiten, mit Geld umzugehen?
- Wie lauten Ihre Geldziele?
- Wie hoch ist Ihr Gesamtvermögen?
- Wie viel Geld steht Ihnen für die Börsenspekulation zur Verfügung?

Wie groß sind Ihre Fähigkeiten, mit Geld umzugehen?

Wer bislang gut mit Geld umgehen konnte, wird diese Fähigkeit nicht verlieren und auch entsprechend an der Börse einsetzen können. Woran erkennt man aber den erfolgreichen Umgang mit Geld?

Zunächst einmal daran, dass man immer Geld hat und einem existentielle Geldsorgen fremd sind. Denken Sie kurz an Ihre Zeit in der Schule, während der Ausbildung oder im Studium zurück. Da gab es Menschen, die waren immer pleite, pumpten andere ständig an und hatten bei allen Schulden. Jobs dienten lediglich dazu, die gröbsten Löcher zu stopfen, brachten aber kaum Geld in die Kasse. Andere hatten dagegen immer Geld, ob sie jobbten oder nicht. Weshalb? Weil Geld ihnen etwas bedeutete und sie das zumindest vor sich selbst auch zugaben.

Wichtig: Falls Sie mit Ihrem Geldverhalten nicht zufrieden sind, verbessern Sie es durch Training, durch exaktes Beobachten, durch extreme Buchführung bei Einnahmen und Ausgaben. Gehören Sie zu den glücklichen Geldbeherrschern und -vermehrern, so warne ich Sie vor dem Übermut, diese Fähigkeiten hundertprozentig auf die Börse zu übertragen.

Wie lauten Ihre Geldziele?

Wesentlich für Ihren Erfolg ist die Zielsetzung. Aber was ist überhaupt Erfolg?

Die Börsenkarriere optimal starten

> Erfolg = sich ein Ziel zu setzen und es so, wie man es vorhat, zu erreichen.

Nehmen Sie sich diese Definition von Erfolg zu Herzen. Das bringt Sie weiter, auch an der Börse. Diese Definition bewahrt Sie auch davor, dass Sie sich zu kleine Ziele setzen. Denn wer immer nur 10 Prozent verdienen will, wird nie mehr bekommen!

Achtung: Zielloses Herumspekulieren bringt auf Dauer nichts ein, auch wenn durch Käufe und Verkäufe aufs Geratewohl sich hin und wieder ein paar kleine Gewinne einstellen sollten. Erfolg an der Börse hat nur, wer langfristig erfolgreich ist, und das ist nur mit klarer Zielvorgabe möglich. Man trifft nicht immer ins Schwarze, aber ohne Ziel schießt man in die Luft. Wer 100 Prozent Gewinn wollte, wird auch einmal mit 50 Prozent zufrieden sein müssen. Hauptsache, er kontrolliert sein Ziel und hat es stets im Visier. Wer dies versäumt, lässt seine Spekulation schleifen und landet früher oder später im Verlust. Er macht nicht einmal vernünftige Erfahrungen, aus denen sich etwas lernen ließe.

Wie hoch ist Ihr Geldvermögen?

Einerlei, wie hoch Ihr gesamtes Vermögen ist, es ist es in jedem Fall wert, dass Sie sich ordentlich darum kümmern. Jedoch ist häufig zu beobachten, dass man schlicht überfordert ist, weil man keinen Überblick hat und adäquate Finanz-, Vermögens- und Steuerstrategien fehlen, von den Detailkenntnissen ganz zu schweigen.

Wichtig: Bei großem Vermögen bedarf es dringend der Beratung. Dies gilt für viele, deren Vermögen im Laufe der Zeit größer wurde und nun stagniert, weil ein Gesamtkonzept fehlt. Bei den heutigen Steuersystemen wird es dazu immer schwieriger, das Vermögen zu erhalten, geschweige denn zu vermehren.

So bereiten Sie sich vor

> **Praxis-Tipp:**
> Unabhängig davon, ob Sie am Anfang Ihrer Vermögensbildung stehen oder bereits beträchtlichen Besitz Ihr Eigen nennen, sollten Sie alles minutiös auflisten und festhalten. Und zwar auch und vor allem für Sie selbst, für Ihre persönliche Vermögensstrategie.

Eine Faustregel, ab welchem Vermögen man an der Börse spekulieren kann, gibt es nicht. Das muss jeder mit sich selbst ausmachen.

Wie viel Geld steht Ihnen für die Börsenspekulation zur Verfügung?

Wie viel Geld aus dem gesamten Vermögen sollte man für spekulative Zwecke bereitstellen? Das kann nur individuell beantwortet werden, denn jeder Mensch denkt über Chancen und Risiken anders. So wird eine sehr konservative Persönlichkeit möglicherweise 5 oder 10 Prozent des Vermögens in Aktien anlegen, die wiederum äußerst defensiv ausgewählt werden. Dieser Prozentsatz steigert sich im Falle eines hochspekulativen Investors bis hin zu 100 Prozent, ja sogar darüber hinaus, wenn Kredite in Anspruch genommen werden. Zwischen diesen beiden Extrempositionen der Geldanlage finden sich die meisten Spekulanten wieder.

Wenn die erste Grundentscheidung getroffen ist, sollte man nicht daran rütteln. Es handelt sich schließlich nicht um ein Spiel, auch nicht um ein Börsenspiel, sondern betrifft ernsthaftes Geldmanagement. Das gilt insbesondere auch dann, wenn die Anfangsgewinne sehr hoch ausfallen sollten. Manch einer tendiert dann rasch zum Übermut und ist zu schnell bereit, auch die letzten Reserven zu investieren.

Ist man etwa ein Jahr lang mit seinen Spekulationen erfolgreich, ist ein Aufstocken des spekulativen Geldes geboten. Hier sollte folgende Frage ernsthaft überlegt werden: Wie viel Geld bleibt mir

Die Börsenkarriere optimal starten

noch zum Leben, falls ich alles an der Börse investierte Kapital verliere? Gerade bei hochspekulativen Investments stellt sich diese Frage täglich, wenn man auf angemessene Sicherheitsinstrumente verzichtet.

> **Beispiel:**
>
> Wer über ein Gesamtvermögen von 1 Million Euro verfügt und mit 100 000 Euro an die Börse geht, hat wenig Probleme. Investiert er die gesamte Summe hochspekulativ, bekommt er in jedem Fall Probleme, selbst wenn die Spekulation sehr erfolgreich zu Ende geführt wird. Hat man die Million verloren, steht man finanziell wieder am Anfang. Das ist keine Theorie; ich kenne Spekulanten, denen das widerfahren ist.

> **Praxis-Tipp:**
>
> Die wichtigste Entscheidung zu Beginn ist, wie viel Geld des Gesamtvermögens man einsetzen sollte. Nehmen Sie diese Frage sehr ernst und erhöhen Sie Ihren Einsatz entsprechend dem Grad Ihres Könnens. Werden Sie zuerst Börsenkenner und dann Börsenkönner.

Wer den Zeitfaktor richtig einschätzt und keine übereilten Entscheidungen fällt, hat bereits eine gute Startposition für seine Börsenkarriere eingenommen. Zu Hektik neigende Börsianer sollten bedenken, dass sie keinen 100-Meter-Lauf vor sich haben. Der Marathon-Lauf wurde noch nie von Sprintern gewonnen: Diese sind beim Start schnell, und nachher geht ihnen die Puste aus.

Handeln Sie überlegt und gezielt!

Sie wollen Ihre finanziellen Verhältnisse ändern, also müssen Sie Ihr Denken ändern. Wenn man über das entsprechende Geld zur Börsenspekulation verfügt, ist das zwar eine gute Sache, das allein reicht aber nicht aus. Man braucht die richtigen Gedanken und eine positive Einstellung dazu. Ihr theoretisches Gedankengebäude basteln Sie aus Fachinformationen zusammen. Es wird zwar nie vollständig und vollkommen werden, aber als Grundlage für gute Spekulationen ausreichen.

Viel schwieriger ist es, eine positive Einstellung zu gewinnen. Besonders dann, wenn sich zu Beginn kräftige Verluste ergeben haben sollten. „Prinzip Hoffnung" ist dabei ein schlechter Ratgeber. Sorgen, Probleme und Schwierigkeiten sind dazu da, um überwunden zu werden.

> **Praxis-Tipp:**
>
> Gedanken haben eine ungeheure dynamische Kraft. Sie wirken auf Ihre Einstellungen zu den Dingen des Lebens und beflügeln Ihre Energie. Nur Zuversicht und Selbstvertrauen bringen Erfolg. Unsicherheit, Ängste und Minderwertigkeitsgefühle lähmen Ihre Energie.

Diese Sätze entstammen keiner Theorie, sondern sind pure Erfahrung. Jeder von uns hat sie gemacht. Es ist naiv, an ein dauerndes Stimmungshoch zu glauben, weil das mit dem wirklichen Leben nichts mehr zu tun hat. Wer jedoch im absoluten Stimmungstief steckt, sollte in dieser Phase zumindest keine gewagten Transaktionen durchführen.

Umgekehrt wissen Sie, welches ungeheure Glücksgefühl ein Erfolg bewirken kann. Sie fühlen sich gut, Sie denken gut und handeln gut. Auf allen Feldern fühlen Sie sich wohl. Alltag, Geschäft, Liebe –

Die Börsenkarriere optimal starten

alles gelingt bis ins Detail. In einem solchen Lebensabschnitt gelingen selbst die abenteuerlichsten Spekulationen, an die man sich sonst nie herangewagt hätte. Man hat den Blick für das Ganze und hebelt die Seele der Börse aus, anstatt sich in Randphänomenen und Einzelheiten zu verlieren.

Wichtig: Es ist die ganzheitliche Sicht in Kombination mit der richtigen Einstellung, die den großen Gewinn abwirft. Geld gewinnt immer nur, wer wirklich gewinnen will.

Börsenspekulationen kann man nicht perfekt planen, aber man kann sie gut vorbereiten und somit überlegt und gezielt handeln.

Handeln Sie nur aus einer guten Stimmung heraus!

Vermeiden Sie überhastete Entscheidungen. Sind Sie missmutig, bringen Sie sich in eine positive Stimmung. Gelingt dies nicht im erwarteten Zeitraum, verschieben Sie die Transaktion. Lassen Sie sich dabei von niemandem unter Druck setzen, etwa nach dem Motto „Diese Chance gibt es nur jetzt und heute". Ganz im Gegenteil, es gibt immer wieder eine neue Chance. Im Zweifel setzen Sie auf Gefühl statt auf Ratio.

Analysieren Sie in Ruhe die Märkte!

Bevor Sie in ein einzelnes Papier investieren, sehen Sie sich in Ruhe mehrere interessante Märkte an. Wer z. B. nur auf den deutschen Markt fixiert ist, der vielleicht aktuell nichts Gutes erkennen lässt, gerät leicht in negative Stimmung. Häufig fiel mir sogar bei Profis auf, dass sie sich zu schnell von negativer Stimmung mitreißen ließen. Für die Börsenkurse selbst hat diese nachweislich einen höheren Wirkungsgrad als positive Stimmung.

Suchen Sie also nach einem aussichtsreichen Markt. Machen Sie einen Schritt nach dem anderen.

Entscheiden Sie sich in Ruhe für das einzelne Wertpapier!

Nachdem Sie die Märkte und deren Umfeld analysiert haben, treffen Sie zuletzt die abschließende Entscheidung für den Kauf oder Verkauf eines Papiers. Fundamentale Daten, Charts, tagesaktuelle Meldungen sowie börsenpsychologische Betrachtungen spielen dabei eine Rolle.

Wichtig: Hundertprozentige Sicherheit kann Ihnen beim Börsengeschäft niemand garantieren. Gehen Sie jedoch nach den genannten drei Schritten vor, haben Sie die Gewißheit, es im Kern richtig zu machen.

> **Praxis-Tipp:**
>
> Fakten wie Meldungen über Umsatzzuwachs und Gewinn sind wichtig. Noch wichtiger ist deren Interpretation. Am wichtigsten jedoch ist Ihre persönliche Einstellung zu den Fakten. Entscheiden Sie sich für eine positive Grundhaltung. Nur dann werden Sie erfolgreich sein. Gibt es Probleme, werden sie analysiert, neu angepackt und überwunden. Das ist der mit Abstand beste Weg, um wieder in gute Stimmung zu kommen.

Testen Sie: Welcher Börsentyp sind Sie?

Jeder Mensch hat seinen eigenen, individuellen Zugang zur Börse. Das beginnt schon mit der Frage, warum man sich überhaupt dafür interessiert. Wurde man von anderen darauf gebracht, oder war es der eigene Antrieb? War es aus reiner Neugier oder aus blankem Geldmangel? Dass man einem Phänomen gegenübersteht, das nicht so einfach zu durchschauen oder gar zu beherrschen ist, wird unabhängig vom Börsentyp jedem rasch klar. Deshalb sollte man sich etwas einfallen lassen. Selbsterkenntnis ist ein guter Weg, der

Die Börsenkarriere optimal starten

helfen kann. Schauen Sie sich deshalb die unterschiedlichen Börsen-Persönlichkeiten an, auch in der Praxis, und ziehen Sie entsprechende Konsequenzen daraus.

Der Zocker

Zocker gehen scharf ran. Wenn sie sich den Weg in die Börse bahnen, sehen sie sofort, wo ihr Terrain ist. Mit soliden und konservativen Wertpapieren geben sie sich gar nicht erst ab. Und wenn es schon Aktien sein müssen, dann wählt man den indirekten Weg über Optionsscheine und Optionen. Eine Ausnahme macht der Zocker nur dann, wenn es eine hochinteressante Aktie gibt, auf die kein Termingeschäft möglich ist.

Im Vergleich zum klassischen Spieler, der sich ausschließlich den Nachmittagen und Abenden im Kasino verschrieben hat, ist der Börsenzocker grobschlächtiger. Das ist keineswegs abwertend gemeint, sondern ein psychologisches Unterscheidungsmerkmal. Spieler sind feinnerviger, was bis in die Gesichtszüge hinein zu beobachten ist. Sie legen Wert auf Umgang, Manieren, Kleidung und leben nicht in der realen Welt.

Der Börsenzocker liest höchstens seine Tageszeitung und auch da meist nur den Wirtschaftsteil. Börsenkurse sind seine Welt, und diese werden ja glücklicherweise rund um die Uhr durch Fernsehen, Rundfunk und Presse verbreitet. Hintergrundinformationen sind für ihn nur in Ausnahmesituationen wichtig, das Spiel mit den Zahlen reizt ihn mehr.

Der reine Zocker-Typ sagt sich beispielsweise Dienstag früh: VW-Aktien sind stark im Kurs gesunken, mal sehen, was die Optionen machen. Dann schlägt er den Kursteil der Deutschen Terminbörse auf und stellt fest, dass es für 3,20 Euro eine Kaufoption gibt, die noch 14 Tage läuft. Er ruft sofort seine Bank an und bestellt 3 000 Stück. Tatsächlich drehen VW-Aktien im Kurs stark. Am Freitag verkauft er die Option für 5,20 Euro, was ihm 6 000 Euro in die Kasse bringt. Die Woche ist gelaufen. Er ist zufrieden.

Welcher Börsentyp sind Sie?

Es sei an dieser Stelle nicht verschwiegen, dass zwischendurch mindestens ebenso hohe Verluste bei anderen Spekulationen auflaufen. Also bewegt sich die Börsenpraxis des Zockers mehr auf der Ebene eines Börsenspiels, im günstigsten Falle auf der eines Nullsummenspiels. Aber das ist für diesen Börsen-Typ nicht tragisch, denn der Hauptzweck, das Zocken mit hochspekulativen Papieren, wurde erfüllt. Gewinnt der Zocker einmal eine riesige Summe, so wird auch die wieder in die Taschen anderer Börsenteilnehmer wandern.

Alles prima, denn alle haben etwas davon. Der Zocker frönt seiner Leidenschaft und befriedigt mit seinem Einsatz die Gesamtgemeinde aller Zocker. Die Arbeitsplätze der Angestellten und Makler an den Terminbörsen sind gesichert. Und wie immer profitieren die Banken von den Umsätzen, die ihnen hohe Provisionen einbringen.

Hin und wieder erwischt es allerdings einen Zocker, und er scheidet nach einer Reihe von Fehlspekulationen aus dem System aus. Das ist bitter für ihn, da er erst nach wieder erlangter Liquidität erneut ins Karussell steigen darf. Bis dahin wird er von einem Nachrücker der Gemeinde ersetzt.

Zwar gibt es keine exakten Untersuchungen der empirischen Sozialforschung, wie viel Prozent aller Börsianer zu den Zockern gehören. Aber man weiß von den Terminbörsen, dass dort zirka 85 Prozent aller Spekulanten zu den Verlierern gehören. Das klingt sehr realistisch, denn die Masse hat an der Börse nie recht. Erfolgreiche Börsianer sind selten, erfolgreiche Zocker noch seltener.

Der Börsenjobber

Der Börsenjobber wird von Außenstehenden und von etlichen Insidern für den Prototyp des Börsianers schlechthin gehalten. Er weiß fast alles, kann bei jeder Aktie mitreden, ist immer glänzend informiert und auf dem neuesten Stand. So etwas imponiert dem Laien und dem Fachmann. Die entscheidende Frage ist jedoch, ob man das Wissen umsetzen und zu Geld machen kann.

Die Börsenkarriere optimal starten

Dem Börsenjobber gelingt das durchaus, aber der große Coup bleibt aus. Dafür fehlt ihm die Geduld oder, besser gesagt, das Durchhaltevermögen. Zu oft wechselt er die Pferde, manchmal mitten im Rennen. Und wenn eine Aktie läuft, dann soll man die Gewinne eben weiterlaufen lassen. Oft geht es dem Jobber so, dass seine bereits abgegebene Aktie weiter nach oben schießt und seine Neuerwerbung nach unten abdriftet. Das kann prinzipiell natürlich jedem passieren, doch beim Börsenjobber hat es fast System. Ich nenne ihn deshalb so, weil es offensichtlich sein Job ist, dabeizusein. „Dabei sein ist alles" ist jedoch ein olympisches Motto, das nicht für den Börsenbetrieb taugt.

Ist damit die Hauptfunktion für den Börsenjobber erfüllt? Tiefenpsychologisch gesprochen, vermutlich ja; doch in Wirklichkeit ist auch dieser Börsianer an Gewinnen interessiert. Nur die sichern ihm das Überleben. Und die Fahrten zu Hauptversammlungen, zu Investment-Kongressen, zu Analystentreffen und Börsenseminaren sind teuer. Wer dort aber nicht dabei ist, kann nicht mitreden. So oft wie möglich braucht man exklusive Information. Die Medien stehen schließlich jedem zur Verfügung, das reicht dem Börsenjobber nicht aus. Am liebsten wäre er Insider, wenn das nicht inzwischen verboten wäre: Mit dem Finanzmarktförderungsgesetz hat der Gesetzgeber allen Insidern einen Strich durch die Rechnung gemacht. Mittlerweile sind bereits Urteile erfolgt. Sicher wird es dennoch weiterhin Insider-Geschäfte geben, doch wer sich erwischen lässt, wird kräftig zur Ader gelassen und muss womöglich noch ins Gefängnis. Besser ein schlecht informierter Börsenjobber als ein Knacki.

Es gibt bei diesem Typ durchaus Leute, die von der Börse leben können. Nicht üppig, aber es reicht. Das Kernproblem des Börsenjobbers ist, dass er seinen anerkennenswerten Stand an Informationen durch einen Hauptfehler zunichte macht. Er ist ganz einfach zu schnell. Doch man kann ihn dafür nicht schelten, denn Tempo ist ein Zug unserer Zeit.

Unglücklicherweise beschert unser hochtechnologisches Zeitalter dem Börsenjobber auch noch ständig neue Erfindungen, die ihn

Welcher Börsentyp sind Sie?

gleichermaßen faszinieren und im Zaum halten. Ohne tragbares Telefon kann er jetzt schon nicht mehr leben. Vor zwei Jahren konnte er es noch. Das Handy ist immer dabei, im Urlaub, im Bett, im Bad, im Wirtshaus und auf der Straße. Ich kenne Börsenjobber, mit denen können Sie in keiner Bar mehr gemütlich einen Whisky trinken. Spätestens nach zwei Minuten klingelt es im Jackett, und die Stimmung ist dahin.

Die ständige Informationsberieselung ist dem Jobber Lebenselixier. Ähnlich wie beim Zocker sind seine Geschäfte schneller Natur. Allerdings nicht ganz so hektisch und auf besserer Grundlage beruhend. Nur höchst selten gelingt es, diesen Menschen von anderen Strategien zu überzeugen. Sagt man ihm z. B., er solle mit dem Verkauf seiner Aktie noch etwas warten, hält er dies nervlich kaum durch. Selbst wenn man gute Gründe anführt und auf das gute Umfeld verweist oder ihm sagt, dass der Gewinn nach zwei Monaten steuerfrei sei, laufen die Argumente meistens ins Leere. Hauptursache hierfür dürfte der Antrieb sein, mit dem eingefahrenen Gewinn wieder die nächste Börsentransaktion abzusichern.

Würde man sämtliche Börsianer der Welt unter die Lupe nehmen, so könnte ein Resultat sein, dass sehr viele das Stadium des Börsenjobbers durchlaufen haben. Auch sehr erfolgreiche Leute sind darunter. Die Faszination der allgegenwärtigen Information hat einiges für sich. Der schnelle Zugriff an der Börse ebenfalls. In den letzten ein, zwei Jahren nahm die Zahl der Jobber auch deshalb zu, weil die internationalen Börsen immer volatiler wurden. Das muss zur Ehrenrettung dieses Typs gesagt werden. Starke Kursschwankungen beherrschen immer mehr die Märkte. Selbst beste Aktien wie beispielsweise IBM, Philip Morris oder Unilever blieben davon nicht verschont. Der Trend wird voraussichtlich so weitergehen. Also ist eine Existenz als Börsenjobber nicht die schlechteste. Er wird zwar nie superreich, ist aber auch nicht dabei, wenn die Kurse auf Grundeis gehen. Börsenjobber – ein Job mit Zukunft? Für echte Börsianer besser ein Durchgangsstadium!

Die Börsenkarriere optimal starten

Der Romantiker

„Es ist doch schön, wenn die Kurse so rauf- und runtergehen." Das ist eine typische Aussage der Börsenromantiker, die es in diesem harten Geschäft tatsächlich gibt. Sie stellen sich dieser Härte jedoch nicht, sondern schweben mehr übers Börsenparkett und befinden sich ganz einfach in einer anderen Sphäre. Im Gegensatz zum Börsenjobber sehen und hören sie nicht ständig Kurse. Dafür genügt ihnen das Zufalls- oder Lust-und-Laune-Prinzip. Romantiker investieren nicht, ordern nicht, spekulieren nicht und zocken nicht. Sie sind dabei, haben irgendwann einmal eine Aktie gekauft und werden sie irgendwann einmal verkaufen. Keine Strategie oder Taktik kann sie dabei beeinflussen.

Eine börsenpraktische Untersuchung würde ergeben, dass Romantiker ihre erworbenen Papiere überdurchschnittlich lange im Depot halten. Da Romantiker ihre Gewinn- und Verlust-Rechnung geheim halten, sind deren Gewinne weitgehend unbekannt. Es ist jedoch anzunehmen, dass die Bilanz gar nicht so schlecht aussehen wird, denn wer Aktien über eine sehr lange Zeit hinweg hält, gewinnt entweder viel oder verliert viel. Wachstumsaktien können sich z. B. in zehn Jahren im Wert vervielfachen. Bei manchen Titeln war derjenige der erfolgreichste Spekulant, der nicht verkauft hat. Während Jobber und Zocker den Kursen hinterherhecheln, hat Aussitzen durchaus Methode. Und somit wird diese liebenswerte Spezies der Börsenwelt weiter erhalten bleiben.

Der Naive

Naiv zu sein und an sich selbst zu glauben, ist eine hervorragende Grundlage für jeden Erfolg. Keiner zeigt uns das besser als Forrest Gump: Dieser Film-Typ ist der ideale Börsentyp.

Der Naive schützt sich vor einem Übermaß an Wissen. Naiv sein hat nichts zu tun mit dumm sein. Aber sehr viel mit einer Art von Lebensklugheit, die man erst später erkennt. „Wenige Dinge um

Welcher Börsentyp sind Sie?

sich haben" lautet die wichtigste Lebensregel. Aber um die sorgt und kümmert man sich, weil sie einem wichtig sind. Das schafft feste Bindungen, im Leben und an der Börse.

Ob man mit dieser Einstellung Strukturen tief gehend analysieren kann, ist eine andere Frage. Für den Erfolg aber nicht unbedingt ausschlaggebend. Prognose ist sowieso etwas ganz anderes als Analyse. Reine Analytiker werden an der Börse selten reich. Sie lieben die Vergangenheit, versenken sich in Details, Zahlen und Daten. Die entscheidenden Zahlen sind jedoch die der Zukunft, und die kann man nicht wissen, sondern nur erahnen. Forrest Gump wusste wenig. Gebetsmühlenhaft wiederholte er den Satz: „Das Leben ist wie eine Praline. Man weiß nie, was als nächstes kommt." Weder ein gewiefter Taktiker noch ein erfahrener Stratege kann mit solchen Lebensweisheiten etwas anfangen. Kein normaler Börsianer kann auf dieser Grundlage spekulieren. Nur der naive Gutgläubige hat diese Sicht. Auch bei ihm klappt nicht alles, aber er weiß, dass es zum Schluss gut ausgehen wird. Forrest Gump hat nicht den Magic Touch, aber die richtige Mischung aus Glauben und Gefühl.

Sollte Ihnen diese Lebenseinstellung gänzlich fehlen, grämen Sie sich nicht. Stehen Sie zu Ihrer individuellen Persönlichkeit und den daraus resultierenden Börsen-Strategien. Auch das hat seinen Reiz. Lassen Sie den Naiven ihre Welt, ohne Neid. Gehen Sie ins Kino, wenn Ihnen danach ist. Identifizieren Sie sich mit Forrest Gump, aber nicht mit Tom Hanks. Ansonsten bewahren Sie nicht einmal im Kino einen Teil Ihrer Naivität.

Der Stratege

Wer sehr rational an die Börse herangeht sowie in mittleren und längeren Zeitabschnitten denkt, gehört im Kern schon zu den Strategen. Militärisch denkend, sehen Strategen die Börse als Schlachtfeld und bereiten entsprechende Lagepläne vor.

Die Börsenkarriere optimal starten

Es leuchtet ein, dass man nicht sehr viele Schlachten gleichzeitig schlagen kann. Das ist allein schon mangels Übersicht nicht möglich. Deshalb konzentrieren sich Börsen-Strategen nur auf wenige Märkte und Titel. Das Sammeln des Materials, die Aufbereitung und Auswertung der Daten und schließlich die Entscheidungsphase kosten sehr viel Zeit. Konzentration ist deshalb das Markenzeichen der Strategen. Wer seine gesamte Energie auf einen einzigen Punkt richtet, wird wesentlich erfolgreicher sein als jemand, der seine Kräfte verzettelt.

Ihre Energie an der Börse ist das Kapital. Es steht nicht unbegrenzt zur Verfügung, deshalb muss man planerisch und sorgfältig, eben strategisch damit umgehen. Ein Stratege mit wirtschaftlichen, philosophischen, historischen und psychologischen Kenntnissen erfüllt diese Grundbedingungen ideal. Natürlich wird das Resultat nicht immer ideal sein, doch die Richtung stimmt, und es ist immer wichtig, in welche Richtung das Geld fließt.

Bei der Auswahl seiner Papiere hält sich der Stratege prinzipiell an Qualität, was Aktien aus konservativ-defensiven und dynamisch-zyklischen Bereichen zulässt. An die hochspekulativen geht er höchstens mal zum Spaß mit äußerst kleinen Beträgen ran. Denn Strategien greifen nur dort, wo man sie tatsächlich auch anwenden kann. Mit Spielerpapieren kann man eben nur spielen, sie entziehen sich einer rationalen Analyse vollständig. Ansonsten bleibt dieser Typ bei der Basis-Strategie der soliden mittel- und längerfristigen Anlage. Sie ist überschaubar, kalkulierbar und bringt obendrein steuerfreie Gewinne.

Wer abstrakt denken kann und der Börse gegenüber eine distanziert-kritische und kühle Haltung einnimmt, erfüllt die Voraussetzungen für einen guten Strategen. Wird man jedoch wegen ein paar Börsennachrichten leicht aus der Fassung gebracht, braucht man bis zum disziplinierten Strategen noch viel Übung. Was sich lohnen dürfte, denn Strategen sind auf Dauer Gewinner.

Welcher Börsentyp sind Sie?

Der Taktiker

Wer in grundsätzlichen Börsenangelegenheiten wie ein Stratege denkt, aber wesentlich ungeduldiger ist, sollte sich mit der Position des Taktikers anfreunden. Er handelt im Kern wie ein Stratege, aber deutlich kurzfristiger. Lange Wartezeiten hält er kaum durch, auch mittlere sind ihm meist noch zuwider. Drastische Kursschwankungen innerhalb kurzer Zeit sind sein Metier. Auf diese Weise erreicht man natürlich höchst selten steuerfreie Gewinne. Doch darauf kommt es diesem Börsentyp auch nicht in erster Linie an.

Meistens sind Taktiker etwas spekulativer eingestellt als Strategen. Wenn sie überhaupt defensive Werte ins Depot nehmen, dann operieren sie in der Regel mit hohen Summen. Zusätzlich werden öfters Kredite in Anspruch genommen. Bei professionell durchgeführten Transaktionen ist dagegen nichts einzuwenden. Nur wenn Börsensäuglinge mit Krediten herumjonglieren, ist Vorsicht angezeigt. Taktiker handeln unter strenger Kontrolle, überwachen jede einzelne Position und lassen nichts anbrennen. Kreditspekulationen werden noch zügiger als gewöhnlich durchgeführt.

Stark von der Konjunktur abhängige zyklische Aktien sind für taktische Börsengeschäfte wie gemacht. Man sucht sich dafür gut im Markt liegende Unternehmen und profitiert besonders von deren gelegentlichen Schwächeanfällen, die meist günstige Einkaufsgelegenheiten darstellen.

Das grundsätzliche psychologische Problem des Taktikers ist seine Ungeduld. Oft genug winken Kurschancen von 100 Prozent und mehr, doch der Tatiker steigt häufig schon nach 20 oder 30 Prozent Kursgewinn wieder aus, weil sein Nervenkostüm nicht ausreicht, die eingegangene Position längerfristiger durchzustehen. Dennoch ist auch das nicht zu kritisieren, denn mehrmals im Jahr 30 Prozent zu verdienen bringt ebenfalls erhebliche Gewinne. Und neue Chancen gibt es an der Börse jeden Tag. Taktiker finden sie jetzt besonders häufig am Neuen Markt.

Wichtiges Börsen-Know-how 2

Was Sie über die Börse
wissen müssen 28
    Renten 28
    Aktien 30
    Genussscheine 32
    Investmentfonds 33
    Optionsscheine 34
    Optionen 36
    Futures 38

Auf diese Börsenindikatoren
kommt es an! 39

Was Kurszusätze bedeuten 46

Klassischer Kursverlauf und
typisches Anlegerverhalten 47

Informationen richtig interpretieren ... 50

Wichtiges Börsen-Know-how

Was Sie über die Börse wissen müssen

Das gesamte Wissen über die Börse ist immens. Niemand verfügt insgesamt darüber. Will man sich noch dazu sämtliche Weltbörsen vornehmen, so könnte man daran verzweifeln. Alleine die gehandelte Anzahl der Aktien ist von einem Einzelnen nicht mehr zu überblicken. Deshalb wird hier und im Folgenden auf das unverzichtbare Grundwissen zurückgegriffen. Denn dieses reicht aus, um Börsentransaktionen erfolgreich zu starten und zu Ende zu bringen.

Renten

Heute werden die höchsten Umsätze mit Renten erzielt. Wenn z. B. an den deutschen Börsen an einem Handelstag für 10 Milliarden Euro Aktien umgesetzt werden, so wird mindestens das Dreifache davon im Bereich des Rentenhandels umgesetzt. Das Heer der sicherheitsorientierten nationalen und internationalen Anleger stürzt sich am liebsten auf festverzinsliche Wertpapiere. Diese haben den Vorteil, dass sie bis zum Ende der jeweiligen Laufzeit einen festen Zinssatz garantieren. Wenn noch dazu der Emittent solide ist (höchste Bonität), so gibt es an der Sicherheit dieser Anlage nicht den geringsten Zweifel. Einerlei, ob Industrieanleihe oder Staatsanleihe, die höchsten Zinsen erhält in allen Fällen derjenige, der etwas von der Psychologie der Zinsen versteht. Dazu genügt zunächst ein einfacher Blick auf die aktuelle und vergangene Umlaufrendite.

> **Praxis-Tipp:**
>
> Der kluge Investor erkennt, welchen Trend die Zinsen in Zukunft nehmen werden. In jedem Fall gilt:
>
> - Tendenz zu steigenden Zinsen = sinkende Kurse am Rentenmarkt
> - Tendenz zu sinkenden Zinsen = steigende Kurse am Rentenmarkt

Was Sie über die Börse wissen müssen

Selbst auf diesem Sektor, der vielen auf den ersten Blick langweilig erscheint, gibt es große Gewinnmöglichkeiten. Im Kapitel 3 unter „Strategie für Sparer" (siehe Seite 55) werden die Gewinnmöglichkeiten differenziert dargestellt. Erfolgreiche Strategen konzentrieren sich auf die Anleihemärkte mehrerer Länder. Trotz der Tendenz zum globalen Weltmarkt haben Sie es immer noch mit höchst unterschiedlichen Zinssituationen in den einzelnen Staaten zu tun. Das ist die Chance, die es zu nutzen gilt. Anfänger sollten sich jedoch zunächst in den deutschen Rentenmarkt einarbeiten. Der Wirtschafts- und Börsenteil in der Tagespresse, in der Frankfurter Allgemeinen Zeitung oder im Handelsblatt gibt dazu einen hervorragenden Überblick.

Kriterien beim Anleihen-Kauf

- **Laufzeit**

Man unterscheidet kurzfristige Anleihen (bis zu vier Jahren), mittelfristige Anleihen (vier bis acht Jahre) und langfristige Anleihen (über acht Jahre Laufzeit). Als Laufzeit definiert man die Zeit zwischen dem Beginn der Verzinsung und der Endfälligkeit der Anleihe.

- **Tilgung**

Die Tilgung erfolgt in den meisten Fällen planmäßig. Es gibt jedoch hin und wieder Emittenten, die sich eine außerplanmäßige Rückzahlung der Anleihe vorbehalten. Dies kann nur durch eine vorzeitige Kündigung erfolgen, die in den Anleihebedingungen zuvor exakt festgehalten wurde. Dem Käufer der Anleihe entstehen jedoch dadurch keine Nachteile. Ärgerlich wäre es höchstens, wenn die Kündigung in einen Zeitraum mit stark fallenden Zinsen fiele, weil man dann nicht in den Genuss einer steigenden Kursnotierung käme.

- **Verzinsung**

Hier ist zunächst einmal die festverzinsliche Anleihe in ihrer klassischen Form zu nennen. Die Amerikaner und Engländer nennen diese Anleihen „Straight Bonds", diese haben über die gesamte Laufzeit hinweg

Wichtiges Börsen-Know-how

noch: Kriterien beim Anleihen-Kauf

eine gleich bleibend feste Verzinsung. An zweiter Stelle sind Anleihen mit variablen Zinssätzen zu nennen. Im internationalen Sprachgebrauch nennt man sie „Floating Rate Notes", auch bei uns hat sich die Kurzform „Floater" eingebürgert. Die Zinsperiode kann sich auf eine beliebige Zeitspanne beziehen, so z. B. auf drei Monate, aber auch auf sechs oder zwölf Monate. Nach Ablauf der Zinsperiode werden die Zinsen ausbezahlt. Gleichzeitig gibt der Emittent den Zinssatz für die neue Periode bekannt. Hierbei orientiert man sich in der Regel an den internationalen Geldmarktsätzen.

- **Währung**

Wer ausschließlich Anleihen kauft, die auf Euro lauten, hat hier keinerlei Probleme. Das gilt sowohl für inländische als auch für ausländische Anleihen.

Sobald man jedoch Auslandsanleihen in der jeweiligen Fremdwährung erwirbt, hat man automatisch ein Währungsrisiko übernommen. Wer Dollar-Anleihen kauft, erhält die Zinsen auch in Dollar ausbezahlt. Die Schwankungsbreite des US-Dollar in den vergangenen Jahren ist ein Beispiel dafür, wie stark die effektive Rendite des Anlegers schwanken kann.

Aktien

Aktionäre sind Mitinhaber der Gesellschaft, deren Aktien sie in ihrem Depot haben. Das ist der grundsätzliche Unterschied zur Anleihe, denn der Käufer einer Anleihe ist Gläubiger. Aus diesem Grund leuchtet ein, dass nur derjenige Aktionär werden sollte, der unternehmerisch denken kann.

Man sollte grundsätzlich nur Aktien von Unternehmen erwerben, die über hervorragende Produkte und über ein ausgezeichnetes Management verfügen. Denn an der Börse sind weder Dividendenausschüttungen noch Kurssteigerungen garantiert. Die Aktie ist ein absolutes Chance-Risiko-Papier. So besagt z. B. das Recht auf Divi-

Was Sie über die Börse wissen müssen

dende nicht viel, wenn das Unternehmen keine Gewinne eingefahren hat. Hier gilt vielmehr das Motto: „Wo nichts ist, kann man nichts holen!"

Inhaberaktien

Bei den meisten deutschen und internationalen Aktien handelt es sich um Inhaberaktien. Deshalb erfolgt der Eigentumswechsel an der Börse problemlos und bedarf keinerlei Formalitäten.

Namensaktien

Ganz anders verhält es sich bei Namensaktien, da diese auf den Namen einer (natürlichen oder juristischen) Person lauten. Dies hat den Vorteil oder Nachteil, dass die Aktiengesellschaft sämtliche Namen der Aktionäre kennt.

Vinkulierte Namensaktien

Bei vinkulierten Namensaktien hängt der Kauf bzw. Verkauf von der Zustimmung der Aktiengesellschaft ab. In diesem Fall liegt der Vorteil eindeutig auf Seiten der AG, da sie genau weiß, wer wie viele Papiere an wen verkaufen will. Das Unternehmen kann sich auf diese Art und Weise gegen (feindliche oder freundliche) Übernahmen wehren.

Stammaktien

In der Regel werden in Deutschland Stammaktien ausgegeben. Der Aktionär ist auch klug beraten, wenn er sich hauptsächlich an Stammaktien hält. Nur sie garantieren ihm alle gesetzlichen und satzungsmäßigen Rechte. Dabei ist vor allem auf das Stimmrecht bei Hauptversammlungen hinzuweisen.

Wichtiges Börsen-Know-how

Vorzugsaktien

Vorzugsaktien werden häufig ohne Stimmrecht ausgegeben. Damit beschafft sich der Unternehmer zusätzliches Eigenkapital und muss sich dennoch nicht von anderen Anteilseignern in sein Unternehmen hineinregieren lassen. Dafür haben diese Papiere meist den Vorzug, an der Verteilung des Gewinns besser zu profitieren, d. h. die Aktionäre erhalten eine höhere Dividende.

> **Praxis-Tipp:**
>
> Bei großen Aktiengesellschaften wie beispielsweise VW oder RWE ist es einerlei, ob Sie Stamm- oder Vorzugsaktien kaufen. Sollten Sie sich hingegen auf mittlere oder kleinere Gesellschaften konzentrieren, so rate ich Ihnen zum Kauf von Stammaktien, da nur diese die Macht im Unternehmen garantieren. Kommt es zu einer Übernahme der Aktiengesellschaft, wird die Stammaktie deutlich im Kurs steigen, da man das Stimmrecht benötigt; die Vorzugsaktie bleibt außen vor.

Genussscheine

Genussscheine sind ein Randphänomen der Börse und werden hier nur der Ordnung halber angeführt. Will eine Aktiengesellschaft Genussscheine ausgeben, so hat sie bei der Ausgestaltung eine Fülle von Möglichkeiten, zumal eine gesetzliche Festlegung fehlt. Es gibt Genussscheine

- mit einer festen Zinsausschüttung
- mit einer variablen Zinsausschüttung
- mit einem Wandel- oder Optionsrecht

Was Sie über die Börse wissen müssen

> **Praxis-Tipp:**
>
> Vor dem Kauf eines Genussscheins müssen Sie sich unbedingt gründlich über sämtliche Bedingungen informieren. Da Genussscheine auch an der Börse gehandelt werden, sollten Sie sich den Kursverlauf ansehen. Vorsicht ist immer dann angebracht, wenn besonders hohe Renditen zugesagt werden. In diesem Fall ist die Bonität des Emittenten das ausschlaggebende Kriterium. Schon bei leichtesten Bedenken rate ich vom Kauf ab, sonst wird es einen Genuss mit Reue geben.

Investmentfonds

Mit dem Kauf von Investmentanteilen kann man sich in einfachster Form an der Börse beteiligen. Grundsätzlich unterscheidet man

- Rentenfonds
- Aktienfonds
- Gemischte Fonds (Aktien und Renten)
- Spezialitätenfonds (z. B. Optionsschein-Fonds)
- Immobilienfonds

All diese genannten Fonds können noch nach folgenden Grundtypen unterschieden werden:

Offene Fonds

Hier ist die Zahl der Investmentanteile nicht begrenzt. Der gesamte Fonds ist beliebig vergrößerbar. In Deutschland werden meistens offene Fonds aufgelegt und angeboten. Dabei ist die Investmentgesellschaft verpflichtet, zu jedem Zeitpunkt Fondsanteile zum aktuellen Rücknahmepreis zurückzunehmen.

Wichtiges Börsen-Know-how

Geschlossene Fonds

Hier ist die Gesamtanlagesumme des Fonds begrenzt. Nur eine bestimmte Zahl von Anteilen liegt vor und ist handelbar. Jedoch ist die Gesellschaft nicht verpflichtet, die Anteile unmittelbar zurückzunehmen. Allerdings werden viele Closed-End-Fonds an der Börse gehandelt.

Publikumsfonds

Wie schon der Name anklingen lässt, sind dies die Fonds für das breite Börsenpublikum. Der aktuelle Ausgabe- und Rücknahmepreis der Publikumsfonds kann börsentäglich über die Medien in Erfahrung gebracht werden.

Spezialfonds

Spezialfonds wenden sich an große institutionelle Anleger. Dazu gehören vor allem Versicherungsunternehmen und Pensionskassen.

Optionsscheine

Optionsscheine sind wesentlich risikoreicher als Aktien, bieten dafür aber auch enorme Gewinnchancen. Der Käufer von Optionsscheinen hat das Recht, eine bestimmte Menge eines Basiswertes zu einem fest fixierten Preis zu kaufen oder zu verkaufen. Objekte des Optionsscheins können sein: Aktien, Renten, Währungen, Rohstoffe oder Börsen-Indizes. Von den genannten Basiswerten sind besonders beliebt: Optionsscheine auf Aktien, auf Währungen (z. B. US-Dollar oder Yen), auf Rohstoffe (Gold-Optionsscheine) und Indizes (Optionsscheine auf den DAX oder Dow-Jones-Index).

Das wichtigste Bewertungskriterium bei Optionsscheinen ist das so genannte Aufgeld. Das Aufgeld eines Optionsscheins sagt Ihnen, wie preiswert der Schein ist. Angenommen, eine Aktie kostet

Was Sie über die Börse wissen müssen

100 Euro. Um dieselbe Aktie auf dem Weg über einen Optionsschein zu beziehen, muss man 140 Euro ausgeben. In diesem Fall hat der Optionsschein ein Aufgeld von 40 Prozent. Beträgt seine Laufzeit noch insgesamt vier Jahre, so lässt sich ein jährliches Aufgeld von 10 Prozent errechnen.

Normalerweise sollte sich der Kurs des Optionsscheins ungefähr im gleichen Verhältnis nach oben oder nach unten bewegen, wie dies die dazugehörige Aktie tut. In der Praxis hat man jedoch entdeckt, dass dieser Gleichklang nur selten auftritt. Auch die verschiedenen Theorien, die man über die Preissensibilität des Optionsscheins entwickelt hat, können den Sachverhalt nicht genau erklären. Optionsscheine entwickeln an der Börse ihre eigene Dynamik. Anleger, die einen klugen Umgang mit Optionsscheinen erlernen wollen, sollten jeweils gleichzeitig die Aktie und den Optionsschein in seiner Kursentwicklung beobachten. Dabei ist der psychologische Faktor oft mit 90 Prozent zu veranschlagen, während technische und fundamentale Faktoren nur mit 10 Prozent zu Buche schlagen. Alles in allem ist immer der Preis entscheidend, der am Markt erzielt wird. Das ist die Börsenpraxis, die immer der Theorie überlegen ist.

> **Praxis-Tipp:**
>
> Optionsscheine sollten grundsätzlich nur von erfahrenen Börsianern gekauft werden. Wenn diese Voraussetzung bei einem Optionsschein-Fan fehlt, so sollte er die gesamte Transaktion von einem Börsenprofi überwachen lassen. Ist das nicht möglich, so ist es besser, von dem Geschäft Abstand zu nehmen. Man denke dabei an die alte Finanz- und Börsenweisheit: „Das beste Geschäft ist oft das, bei dem man nicht dabeigewesen ist!"

Call-Optionsschein

Wer einen Call-Optionsschein erwirbt, setzt auf steigende Kurse. Wenn die Kurse tatsächlich nach oben gehen, gewinnt der Options-

Wichtiges Börsen-Know-how

schein erheblich an Wert. Häufig kommt es vor, dass z. B. die Aktie um 10 Prozent steigt, während der dazugehörige Optionsschein in der gleichen Zeit um 30 Prozent nach oben klettert. In diesem Fall spricht man von einer dreifachen Hebelwirkung des Optionsscheins.

Put-Optionsschein

Mit einem Put-Optionsschein setzt man auf fallende Kurse. Nur wenn die Kurse tatsächlich nach unten tendieren, gewinnt der Optionsschein an Wert. Bei ungenügender Kenntnis und laienhaftem Umgang sind beim Put ebenso wie beim Call erhebliche Verluste – bis hin zum Totalverlust – möglich.

Optionen

Besonders chancen- und risikofreudige Anleger werden über den Handel mit Optionen begeistert sein. Auf der einen Seite besteht die Chance, 100 Prozent, 500 Prozent oder auch 1000 Prozent zu gewinnen, auf der anderen Seite besteht das Risiko des Totalverlustes. Bevor man sich auf solche Geschäfte einlässt, muss einem diese Tatsache klar sein. Den Optionshandel professionell zu gestalten, erfordert nicht nur einen hohen Kenntnisstand, sondern auch ein äußerst stabiles Nervenkostüm. Darüber hinaus muss die kurzfristige Marktsensibilität ständig geschult werden.

Der Käufer einer Option erwirbt grundsätzlich das Recht, eine bestimmte Anzahl einer Sache zu einem im Voraus bestimmten Preis (Basispreis) während einer bestimmten Zeitspanne zu kaufen oder zu verkaufen. Der Einfachheit halber werden die Optionen am Beispiel von Optionen auf Aktien erläutert, wobei grundsätzlich zwischen Kaufoptionen (Call) und Verkaufsoptionen (Put) unterschieden wird. Für beide Optionstypen gibt es jeweils einen Käufer und einen Verkäufer.

Was Sie über die Börse wissen müssen

Beispiel:

- Kaufoption (Call)

Wer eine Kaufoption erwirbt, hat das Recht, die ausgewählten Aktien zu den vereinbarten Bedingungen (Basispreis, Laufzeit) zu kaufen. Eine Verpflichtung geht er jedoch nicht ein. Der Käufer einer Kaufoption spekuliert auf steigende Kurse.

Wer eine Kaufoption verkauft (Stillhalter), geht die Verpflichtung ein, die infrage kommenden Aktien zu den vereinbarten Bedingungen zu liefern. Dies setzt aber voraus, dass die Kaufoption von der Gegenseite (Käufer) auch tatsächlich ausgeübt wird. Der Verkäufer einer Kaufoption spekuliert auf fallende Kurse.

- Verkaufsoption (Put)

Wer eine Verkaufsoption kauft, erwirbt das Recht, diese Verkaufsoption zu verkaufen. Eine Verpflichtung besteht nicht. Der Käufer einer Verkaufsoption spekuliert auf fallende Kurse.

Wer eine Verkaufsoption verkauft, ist verpflichtet, diese Option abzunehmen, falls sie tatsächlich ausgeübt wird. Der Verkäufer einer Verkaufsoption spekuliert auf steigende Kurse.

Hinweis: Um diese theoretisch schwierig anmutenden Sachverhalte aufzuhellen, wird im Strategieteil (siehe Seite 53 ff.) eine Reihe von Beispielen angeführt.

Achtung: Optionen sind höchstspekulative Börsengeschäfte. An der EUREX-Terminbörse werden Kauf und Verkauf kaufmännisch solide durchgeführt und überwacht. Zur Zeit können an der EUREX-Terminbörse auf nachfolgende Aktiengesellschaften Optionen gekauft oder verkauft werden:

- Allianz
- BASF
- Bayer
- BMW
- Bayer. Hypo-Bank
- Commerzbank
- Daimler Benz
- Deutsche Bank

Wichtiges Börsen-Know-how

- Dresdner Bank
- Henkel
- Hoechst
- Linde
- Lufthansa
- Mannesmann
- Preussag
- RWE
- SAP
- Schering
- Siemens
- Telekom
- Thyssen
- VEBA
- Volkswagen

Bei den EUREX-Aktienoptionen handelt es sich um Amerikanische Optionen, die börsentäglich ausgeübt werden können. Den Gegensatz hierzu bilden Europäische Optionen, die stets nur am Verfallstag ausgeübt werden können.

Futures

Bei den Futures handelt es sich um Termingeschäfte auf höchstem Spekulationsniveau. Während bei Optionsgeschäften das Risiko auf die bezahlte Prämie begrenzt ist, kann bei Futures ein sehr viel höherer Verlust eintreten – theoretisch betrachtet ist er sogar unbegrenzt möglich. Dem stehen auf der anderen Seite gigantische Gewinnchancen gegenüber.

Wer sich auf Futures einlässt, schließt einen Vertrag ab, der ihn zur Lieferung bzw. zur Abnahme eines Objekts innerhalb eines präzisen Zeitraumes verpflichtet. Beliebt sind Futures auf Aktien-Indizes (z. B. auf den DAX-Future), auf Renten-Indizes (Bund-Future) und auf Rohstoffe wie z. B. Futures auf Gold.

> **Praxis-Tipp:**
>
> Entscheidend ist, dass man sich vor dem Kontraktabschluss grundsätzlich über seine Position im Klaren ist. Entweder ist man Haussier und setzt auf steigende Kurse, oder man ist Baissier und setzt auf fallende Kurse. Der Handel mit Futures erfordert nicht nur ein hohes Können und starke Nerven, sondern auch finanzielle Reserven.

Im Strategieteil wird ab Seite 89 auf die Future-Spekulation am Beispiel des DAX-Future näher eingegangen.

Auf diese Börsenindikatoren kommt es an!

Die Börse ist ein Markt. Und bei einem Markt entstehen die Preise nach Angebot und Nachfrage. Stürmische Nachfrage treibt die Kurse stark nach oben. Ein hohes Angebot drückt die Kurse dagegen nach unten. Man muss hier nach den Motiven für Angebot und Nachfrage Ausschau halten und möglichst schon das zukünftige Angebots- und Nachfrageverhalten voraussehen. Dies ist nur möglich, wenn man sich mit den wichtigsten Börsenindikatoren auseinander setzt. Niemand kennt alle kursbeeinflussenden Faktoren, aber die wichtigsten werden nun im Folgenden erörtert.

Zinsen

Kapitalanleger wollen für ihr eingesetztes Geld eine möglichst hohe Verzinsung erhalten. Sind die Zinsen eines Landes generell auf einem hohen Niveau, so ist es nur rational, wenn die Anleger von dieser Marktsituation ihren Nutzen ziehen. So legt z. B. jemand 100 000 Euro in Rentenpapieren an und erhält dafür 7,5 Prozent jährlich an Zinsen. Tausende, ja Millionen anderer Anleger folgen ihm in diesem Beispiel. Sie sagen sich, warum soll ich höhere Risiken an der Aktienbörse eingehen, wenn ich mit Anleihen so bequem 7,5 Prozent Zinsen erhalten kann?

Schon allein aus dieser kurzen Darstellung wird klar, dass hohe Zinsen den Aktienmärkten prinzipiell eher schaden, da ihnen viel Kapital entzogen oder vorenthalten wird.

Sinken dagegen die Zinsen stark, so sehen viele Anleger wenig Sinn mehr darin, ihr Geld in niedrig verzinslichen Renten zu halten. Sie verkaufen diese und legen in besser rentierlichen Aktien an.

Wichtiges Börsen-Know-how

Als Hauptkriterium für die aktuelle und künftige Zinssituation dient uns der Diskontsatz. Er wird laufend von der Bundesbank überwacht und in Abständen neu festgelegt. Deshalb ist im Vorfeld von Bundesbanksitzungen so häufig von Zinsspekulationen die Rede. Echte Insider könnten hier ein Vermögen verdienen. Aber keine Sorge: Vor der öffentlichen Pressekonferenz wird niemand aus der Bundesbank auch nur ein Sterbenswörtchen verlauten lassen. Echte Börsianer betrachten natürlich nicht nur die Zins-Szene in Deutschland, sondern orientieren sich auch an der Prime-Rate der USA und an den entsprechenden Diskontsätzen in anderen Anlageländern.

Bevor Sie in einem Land Ihrer Wahl Aktien kaufen, sollten Sie grundsätzlich die Zinssituation studieren und eine Prognose abgeben. Dabei gilt grundsätzlich:

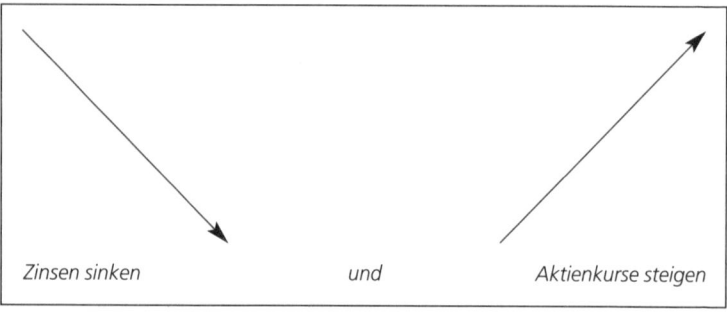

Zinsen sinken und *Aktienkurse steigen*

Selbstverständlich funktioniert dieser Mechanismus auch umgekehrt. Allerdings darf diese Mechanik nicht als feste Erwartungshaltung internalisiert werden. Wie im Leben, so gibt es auch an der Börse bei allen Regeln stets Ausnahmen. Es sind aus der Börsengeschichte Phasen mit steigenden Zinsen bekannt, die das weitere Ansteigen der Kurse nicht stoppen konnten (vgl. z. B. die Entwicklung des Dow-Jones-Index an der Wall Street). Diese Ausnahme findet ihre rationale Begründung darin, dass die Aktionäre von weiter ansteigenden Unternehmensgewinnen ausgehen.

Praxis-Tipp:
Die Zinsen sind der maßgebliche Motor für Hausse und Baisse.

Unternehmensgewinne

Gemeinsam mit den Zinsen stellen die Unternehmensgewinne den für die Aktienbörse maßgeblichen Faktor dar, der die künftigen Kurse entscheidend prägt. Börsenanalysten stellen den Gesamtgewinn des Unternehmens fest und rechnen ihn auf die einzelne Aktie um. Beträgt der Kurs einer Aktie z. B. 58 Euro – und das Unternehmen verdient 5,80 Euro pro Aktie –, so spricht man von einem Kurs-Gewinn-Verhältnis (KGV) von zehn. Das Papier wird mit dem zehnfachen Jahresgewinn bewertet. Dabei schwankt das KGV je nach Branche, so dass man keine exakte Einschätzung darüber geben kann, was teuer und was billig ist. Achten Sie vielmehr darauf, dass Ihnen das KGV einen fairen Preis signalisiert.

Es kann aber auch sein, dass Sie das KGV überhaupt nicht feststellen können. Dies ist z. B. dann der Fall, wenn sich das Unternehmen in der Verlustzone befindet. Dieses Papier kaufen Sie nur, wenn sich künftige Gewinne abzeichnen sollten.

Wichtig: Unternehmensgewinne sind zwar der wichtigste kursbestimmende Indikator für Aktien, dennoch dürfen Sie sich davon nicht zu sehr beeindrucken lassen. Alles, was Sie an Gewinnmeldungen über die Aktie in Erfahrung gebracht haben, wissen andere Anlageprofis auch. Also steckt dieser Faktor bereits im aktuellen Börsenkurs. Viel wichtiger ist die Einschätzung der zukünftigen Gewinne – und das eben macht den Reiz der Spekulation aus, hat aber mehr mit Psychologie als mit fundamentalen Fakten zu tun.

Wichtiges Börsen-Know-how

Liquidität/Steuern

Finanzmärkte und Börsen müssen stets mit Geld versorgt werden. Bleibt dieser Zustrom einmal aus, bricht das ganze System zusammen. Diese Sorge erweist sich allerdings als unbegründet, wenn man die Geldanlagen in den einzelnen Ländern betrachtet. So stehen z. B. in Deutschland mehrere Milliarden Euro bereit, die es zu investieren gilt. Der größte Teil schlummert jedoch auf Sparbüchern oder ist in Versicherungen und Termineinlagen mehr oder weniger kurzfristig gebunden. Entscheidend ist also nicht nur die Gesamt-Liquidität, sondern jener Teil, der tatsächlich bereitsteht, um an der Börse investiert zu werden.

Steuererhöhungen sind den Börsianern grundsätzlich ein Greuel. Nicht nur weil sie als Steuerzahler selbst subjektiv betroffen sind, sondern weil generell die Liquidität beeinträchtigt wird. Steuersenkungen werden dagegen stets gefeiert; das ist an allen Börsen der Welt so. Denn man hofft nun auf einen größeren Mittelzustrom an die Börse.

Achtung: Dass in Deutschland sehr viel Anlagekapital vorhanden ist, zeigen uns die vielen Schwindelfirmen, die jedes Jahr neue Opfer für ihre Anlagebetrügereien finden. Diese Millionenbeträge wären selbst in hochspekulativen Börsengeschäften wesentlich besser aufgehoben. Dort geht es zwar riskant, aber in der Abwicklung immer grundehrlich und solide zu. Für all jene, die auf Anlagebetrug hereinfallen, gilt der Satz: „Er hatte keine Chance, aber er nutzte sie!"

Politische Entscheidungen

Börsenplätze wie New York, London oder Paris sind immer auch Repräsentanten des jeweiligen Landes. Finanzzentren leben vom Vertrauen. Dieses Vertrauen kann durch politische Entscheidungen gefestigt, aber auch abgebaut werden. Deshalb verfolgen clevere Börsianer täglich die nationale und internationale Politik. Besonders

Auf diese Börsenindikatoren kommt es an!

interessieren natürlich wirtschafts- und finanzpolitische Entscheidungen, da diese den Rahmen für die gesamte Ökonomie abstecken. Doch können durchaus auch außen- und innenpolitische Vorhaben eine Rolle spielen. Häufig sind es internationale politische Krisen oder gar Kriege, die in den Finanzzentren für Unruhe und Kursstürze sorgen. Da sich mittel- und langfristig meistens die Vernunft durchsetzt, stellen politische Crashs in der Regel eine gute Kaufchance dar.

Börsen-Umsätze

Börsianer sind gut beraten, wenn sie in das tägliche Kursstudium auch die Umsätze mit einbeziehen. Die Frage lautet: Wie viele deutsche und ausländische Aktien wurden an den Börsen gehandelt, wie hoch war der Rentenumsatz, und wie hoch waren die Umsätze an der Terminbörse? Sehr hohe Umsätze sind entweder ein Zeichen für Hausse und Super-Hausse oder für eine starke Baisse-Bewegung. Doch nicht nur die Gesamtumsätze sind wichtig, sondern auch die einzelner ausgewählter Aktien. Wer sich für ein bestimmtes Papier interessiert, sollte neben fundamentalen Faktoren und Charts auch die Einzelumsätze der Aktien beobachten.

Da der Einfluss der Terminbörse auf die Präsenz- und Computerbörse immer größer wird, muss die Terminbörse stärker ins Blickfeld gerückt werden. Besonders wichtig sind die Tage kurz vor dem monatlichen Verfallstermin. Börsenpsychologen können hier leicht feststellen, ob Haussiers oder Baissiers die Oberhand an der Terminbörse gewinnen. Dieser Einfluss überträgt sich meist auf die Gesamtbörse.

Internationale Indizes

Der Einfluss der Wall Street auf sämtliche anderen Börsenplätze ist bereits sprichwörtlich. Einerlei, ob man den Dow-Jones-Index für bedeutend hält oder nicht, muss man ihn börsentäglich beobachten. Er ist nun einmal das Kursbarometer für die gesamte Aktienwelt. Aber auch die europäischen und asiatischen Indizes sind wichtig. Zunehmend stärker fallen auch jene der so genannten Emerging Markets ins Gewicht. Wer ausländische Wertpapiere kaufen will, muss in jedem Fall zuvor den entsprechenden Index unter die Lupe nehmen.

Charts

Der Kursverlauf einer Aktie findet seinen graphischen Ausdruck im Chart. Diese Charts müssen deshalb als kursbestimmender Faktor eingeordnet werden, weil sehr viele Anleger auf der Grundlage derselben ihre Kauf- oder Verkaufsentscheidungen fällen. Dazu kommt die Beeinflussung durch Charttheoretiker, die Trendkanäle oder Widerstandslinien nach oben und unten konstruieren. Auch wer sich nicht als Chartist bezeichnet, wird dennoch kaum eine Entscheidung treffen, ohne auch den mittel-, kurz- oder langfristigen Kursverlauf mit einzubeziehen.

Währungen

Der Innen- und Außenwert von Währungen beeinflusst die Börsenkurse. Hohe Inflationsraten, hohe Leistungsbilanz- und Budget-Defizite führen zu schwachen Währungen. Fans des US-Dollar können ein Lied davon singen. Generell übt der Dollarkurs einen starken Einfluss auf die deutsche Börse aus. Der Einfluss ist manchmal so stark, dass er als ökonomisch nicht mehr gerechtfertigt bezeichnet werden kann, sondern schon mehr der Psychologie zuzuordnen ist. Nicht ganz so stark, doch nicht unerheblich sind die Einflüsse durch den japanischen Yen und durch die europäischen Währungen.

Auf diese Börsenindikatoren kommt es an!

Anteilseigner

Wer Aktien kauft, sollte wissen, mit wem er im gleichen Boot sitzt. Sind die Aktien in starken oder in schwachen Händen? Das ist die entscheidende Frage. Besonders bei sehr spekulativen Aktien ist das wichtig. Kaufen Sie hochspekulative Titel nur dann, wenn z. B. sichergestellt ist, dass sich mehr als 50 Prozent in starker Hand (Banken, Versicherungen oder andere potente Großaktionäre) befinden.

> **Praxis-Tipp:**
> Sind hochspekulative Aktien mehrheitlich im Streubesitz (also auf viele private Kleinaktionäre verteilt), lassen Sie lieber die Hände davon.

Psychologie

Das aktuelle Börsenklima wird häufig mit Begriffen beschrieben, die die Tendenz und Stimmung wiedergeben sollen. Solche Begriffe sind z. B.

- fest
- freundlich
- abwartend
- gehalten
- uneinheitlich
- sehr schwach

Damit ist etwas über die Tendenz an einem Börsentag gesagt. Mittel- und langfristige Anleger machen sich andere psychologische Kriterien zu Nutze. Sie verfolgen z. B. den langfristigen Kursverfall an der Aktienbörse eines Landes und betreiben in der Baisse Motivforschung. Sie versuchen jene Phase herauszufinden, in der die

Stimmung am schlechtesten ist. Börsenpsychologisch motivierte Haussiers wollen dann Aktien kaufen, wenn alle anderen bereits verkauft haben und die letzten Ängstlichen ihre Stücke vollends zu Schleuderpreisen auf den Markt werfen. So richtig und verständlich diese Strategie grundsätzlich ist – es gibt dafür keine hundertprozentig verlässlichen Kriterien. Man kann zwar harte Fakten wie Umsätze heranziehen, ist aber doch auf sie allein gestellt und auf die eigene psychologische Situationsanalyse angewiesen.

Achtung: Etliche versierte Anleger verlassen sich auf die so genannte „contrary-opinion". Damit stellt man sich bewusst gegen die Mehrheitsmeinung. Ist z. B. ein Drittel der Börsianer optimistisch, so begibt man sich automatisch auf die Seite der Baissiers.

Das Problem dieser Strategie ist, dass man generell zu einem Zeitpunkt kaufen muss, zu dem immer noch alle ökonomisch relevanten Faktoren äußerst negativ dargestellt werden. Diese negative mediale Massenmanipulation ist so erfolgreich, dass selbst versierte Börsenpsychologen beim Kauf von Aktien immer noch ein schlechtes Gefühl haben. Meistens sind dies jedoch die idealen Einstiegsmomente.

Umgekehrt mahnt die Börsenpsychologie zu größter Vorsicht während der Endphase einer Hausse-Bewegung. Es ist sehr schwierig und erfordert ein Höchstmaß an Disziplin, sich während einer Hausse-Phase beim Kauf Zurückhaltung aufzuerlegen.

Was Kurszusätze bedeuten

Für langfristig denkende Anleger sind Kurszusätze kaum von Bedeutung. Besonders dann nicht, wenn sie sich ausschließlich auf erstklassige Wachstumsaktien konzentrieren. Der spekulativere Anlegertyp hingegen erfährt aus den Kurszusätzen, ob seine Aktien am Markt stark nachgefragt werden oder ob eher ein Überangebot vorliegt.

Wer sich für engere Märkte interessiert und feststellt, dass die von ihm favorisierte Aktie ständig mit „T" (Taxkurs) notiert wird, weiß, dass er vorsichtig sein muss. Häufige Taxkurse sind ein Indiz für kleine bzw. mangelhafte Umsätze. Solche Aktien sollte man überhaupt nicht kaufen.

Kurszusätze	
b	bezahlt: Der Markt wurde vollständig geräumt. Sämtliche Kauf- und Verkaufsaufträge wurden erledigt.
bG	bezahlt Geld: Zu diesem Kurs bestand weitere Nachfrage.
bB	bezahlt Brief: Zu diesem Kurs bestand weiteres Angebot.
G	Geld: Zu diesem Kurs bestand ausschließlich Nachfrage. Niemand war zum Verkauf bereit, also kam kein Geschäft zu Stande.
B	Brief: Zu diesem Kurs gab es nur Angebote. Niemand wollte kaufen. Es wurde kein Umsatz erzielt.
–	gestrichen: Es konnte kein Kurs festgestellt werden.
T	Taxkurs: Da kein Kurs festgestellt werden konnte, wurde er von den Maklern taxiert.
exD	Ex Dividende: Kursnotiz unter Berücksichtigung des Dividendenabschlags.
exB	Ex Bezugsrechte: Die Kursnotiz erfolgte unter Berücksichtigung des Bezugsrechte-Abschlags.

Klassischer Kursverlauf und typisches Anlegerverhalten

Als Börsianer lebt man von der Dynamik der Kurse. Und glücklicherweise gibt es das ständige Auf und Ab. Berg- und Talfahrten sind gesetzmäßig vorprogrammiert. Egal, ob man die Börse kurz-, mittel- oder langfristig verfolgt, stets ist der gleiche Zyklus diagnostizierbar. Woran liegt das?

Wichtiges Börsen-Know-how

Wenn eine Volkswirtschaft vor einem großen Wirtschaftsaufschwung steht, dann sollten doch die Aktienkurse schnurstracks linear nach oben tendieren. Dass es nicht nach diesem einfachen Schema abläuft, dafür sorgen schon die vielen Etappen in Form der börsentäglichen Zusammenkünfte. Außerdem handeln Menschen nicht nur rational, sondern vorwiegend irrational. Obwohl ökonomische Faktoren immer dominieren werden, werden sie immer dann unterliegen, wenn ihnen noch stärkere Gefühle entgegenstehen. Oft genug sind sich die Börsianer zu fein, um die echten Motive und irrationalen Beweggründe zuzugeben. Es ist die Gier, die sie daran hindert, Aktien rechtzeitig zu verkaufen und Gewinne mitzunehmen. Später sitzt man dann aus diesen Gründen wieder auf Kursverlusten. Und es ist die Angst, die auch einen perfekt geschulten Börsianer daran hindert, die Gewinne weiterlaufen zu lassen. Sehr Ängstliche verkaufen häufig schon nach 10 Prozent Gewinn. Sie werden deshalb zwar nicht arm, aber auch nie wirklich reich.

Niemand ist frei von Emotionen. Ein Fondsmanager, der Milliarden verwaltet, ebenso wenig wie ein Börsensäugling, der seine ersten Schritte auf dem Börsenparkett wagt. Aus diesem Grund wird auch erklärbar, warum es Massenpsychosen gibt, die zu Kursstürzen oder zu Jubelhaussen führen können. Gefühle sind manipulierbar. Je schwächer die Börsianer-Persönlichkeit, desto stärker wird sie von außen geleitet und geführt. Im übrigen dominieren an der Börse nicht nur die harten Fakten, sondern vor allem die Interpretationen der Fakten. Und die fallen wiederum höchst unterschiedlich und subjektiv aus.

Schließlich müssen diese subjektiven Beurteilungen dann auch noch in eine Kauf- oder Verkaufsentscheidung einmünden, erst dann schlagen sie sich kursrelevant nieder. Als Ergebnis dessen erleben Sie die stets wiederkehrenden Zyklen an der Börse.

Klassischer Kursverlauf

Typisches Anlegerverhalten

⑥ Die Widerstandslinie nach oben ist absolut durchbrochen, jetzt kaufe ich. Aber nun heißt es: klotzen, nicht kleckern.

⑤ Bei der nächsten positiven Trendbestätigung kaufe ich.

④ Was ist los? Ich muss das Papier wieder auf meine Beobachtungsliste setzen.

③ Jetzt bin ich nicht mehr ganz so froh über meinen Verkauf.

② Das ist nur eine technische Erholung. Ich bin froh, daß ich verkauft habe.

① Von dieser Aktie trenne ich mich jetzt endgültig!

⑦ Mit dem vorübergehenden Absinken des Kurses habe ich gerechnet. Das ist ganz normal bei großen Aufschwüngen.

⑧ Jetzt stocke ich auf, wenn es sein muss, auf Kredit.

⑨ Oje, mein Kredit wird nun teuer.

⑩ Ob ich mich durch einen Verkauf noch retten kann?

⑪ Am besten verkaufe ich jetzt, sonst bin ich erledigt.

Obiger Kursverlauf ist nicht nur idealtypisch, sondern auch realistisch. In kleinen wie großen Zyklen bewegen sich die Aktien nach diesem Muster. Unser Beispiel gründet natürlich auf einer großen Kursbewegung. So sind auch die Kommentare zum Anlegerverhalten zu verstehen.

Wichtiges Börsen-Know-how

Informationen richtig interpretieren

Das Wichtigste beim Aktienkauf und -verkauf ist der Umgang mit Informationen. Sie sind auf Informationen angewiesen und schätzen deshalb die Wirtschafts-, Finanz- und Börsenzeitschriften. Ihre aktuellen Berichte über Unternehmensgewinne, über den Kursverlauf Ihrer Aktien und über Indizes sind unverzichtbar.

> **Praxis-Tipp:**
> Ausdrücklich empfohlen seien hier die „Frankfurter Allgemeine Zeitung", der „Blick durch die Wirtschaft", das „Handelsblatt", die „Financial Times" und das „Wall Street Journal".

Bei der Lektüre müssen Sie jedoch bedenken, dass dieselben Informationen außer Ihnen auch allen anderen Interessierten zur Verfügung stehen. Entscheidend ist deshalb die Frage: Was macht man mit den Informationen? Strategen sind Künstler bei der Interpretation von Informationen. Künstler wird man jedoch nicht über Nacht. Ich schlage Ihnen deshalb folgende Schritte vor:

- Sammeln Sie die aktuellen Informationen, Analysen und Empfehlungen.
- Legen Sie eine Sammlung von Charts an (einzelne Aktien und Indizes).
- Führen Sie ein Börsen-Tagebuch.

Wie Sie das technisch und organisatorisch handhaben, ist einerlei. Nutzen Sie dafür Ihren Computer oder verwenden Sie einen kleinen Ordner, den Sie komfortabel überall mit hinnehmen können. Der entscheidende Ansatzpunkt dieser Methode ist das Börsen-Tagebuch. Wahrscheinlich denken 99 Prozent der Börsianer gar nicht daran, ein solches Tagebuch zu führen. Es erscheint ihnen zu aufwendig und zu mühsam. Das ist es aber nicht, da man sich sowieso

Informationen richtig interpretieren

Notizen über seine Analysen und Beobachtungen macht. Während bei allen anderen diese Notizen in den Papierkorb wandern, bewahren Sie diese Daten systematisch auf.

> **Beispiel:**
>
> Sie sitzen vor dem Fernsehapparat und sehen sich eine Sendung der Telebörse an. Das ist gut so. Noch besser ist es, wenn Sie sich ein Blatt Papier nehmen und darauf die für Sie wesentlichen Sachverhalte festhalten. Dann nehmen Sie das Blatt, versehen es mit dem Datum und heften es ab. Das ist alles. Geschulte Strategen formulieren die eigene Interpretation und halten diese ebenfalls schriftlich fest. Schon drei, vier Tage später können diese Dinge für Sie sehr wichtig sein.

Ein echter Kommunikationsprozess mit der Börsenwelt findet nur dann statt, wenn man selbst etwas Eigenes dazu beiträgt. Ansonsten ist die Kommunikation einseitig, unilateral, wie die Experten sagen, und man wird zum reinen Befehlsempfänger degradiert. Das ist die Hauptursache dafür, dass so viele Anleger mit ihren Einzeldepots in der Verlustzone liegen. Hätten diese Investoren intensiver nachgedacht und sich auf eine echte Interpretation und Kommunikation eingelassen, wären sie bestimmt erfolgreicher gewesen.

> **Praxis-Tipp:**
>
> Wenn Ihr Wertpapierdepot groß ist und prächtig gedeiht, dürfen Sie es nicht eine Sekunde aus den Augen verlieren. Das mag übertrieben klingen, bedeutet jedoch für die Praxis, dass insbesondere hochspekulativ angelegte Depots börsentäglich überwacht werden müssen. Wer einen Fehler erkennt, ohne unverzüglich zu handeln, ist leichtsinnig und für hochspekulative Engagements völlig ungeeignet. Seine einzige Alternative lautet: die Spekulation beenden oder sich einen erstklassigen Berater holen.

Wichtiges Börsen-Know-how

Da Sie jedoch als selbstständiger Börsianer aktiv sind und es auch bleiben wollen, gibt es keinen anderen Weg als ständiges Training und „learning by doing". Das Börsen-Tagebuch und seine permanenten Aufzeichnungen führen zu einem so intensiven Kommunikationsprozess mit der Börse, dass Sie im Laufe der Zeit immer weniger Fehler machen. Am Anfang ist es besonders wichtig, so schnell wie möglich die ganz großen Anlagefehler zu vermeiden. Später ärgert man sich dann sogar über kleinere Fehler, die man mit etwas gezielterem Nachdenken hätte vermeiden können.

Treffen Sie intuitiv Ihre Entscheidungen!

Die weltweit aktive Börsianer-Gemeinschaft verfügt zunehmend über immer mehr Börsenwissen. Für den einzelnen Anleger hat dies zur Konsequenz, dass er selbst auch immer besser werden muss, um hier mitzuhalten. Dabei genügt bloßes Mithalten nicht, sondern man muss der Masse stets einen Schritt voraus sein. Wieder leistet hier das Börsen-Tagebuch gute Dienste, ebenso die Gespräche mit anderen versierten Börsianern. Kurzum, unser ganzes Börsenwissen wird derart umgesetzt, dass man von einem regelrechten Börseninstinkt sprechen kann. Wem das Wort Instinkt nicht gefällt, weil es wohl mehr für die Tierwelt gilt, der kann auch von Börsen-Intuition sprechen. Oft hört man einen erfolgreichen Investor sagen, er treffe seine Entscheidungen gewöhnlich „aus dem Bauch" heraus. Damit will er ausdrücken, dass er nicht mehr sehr lange nachdenken muss, ob sich ein Investment lohnt oder nicht. In Wirklichkeit aber hat er Jahre oder Jahrzehnte nachgedacht, bis sein Wissen und seine gesamte Erfahrung ihm eine ungeheure intuitive Kraft verliehen.

Gewinnbringende Börsenstrategien und -taktiken 3

Grundsätzliches 54

Strategie für Sparer 55

Defensive Strategie 59

Zyklisch-dynamische Strategie
und Taktik 71

Aggressive Erfolgsstrategie
und -taktik 77

Dynamit-Strategie 94

Schneller Profit mit Neuemissionen .. 100

Kurz-, mittel- und langfristige
Spekulation 104

Grundsätzliches

Ohne gründlich durchdachtes Konzept kann man weder an der Börse noch sonst irgendwo Geld verdienen. Hat man das Konzept erstellt, sollte man ihm auch treu bleiben, solange es zur Persönlichkeit passt. Das ist der entscheidende Punkt! So wie ein erfolgreicher Sportler, etwa ein Tennisspieler oder ein Boxer, seine Strategie beibehält, muss auch der Anleger vorgehen. Ist die Grundlinie einmal gezogen, sollte man sie nicht verlassen. Tut man es doch, rächt sich das meist. Bei sportlichen Veranstaltungen kann das sogar oft ein Laie erkennen. Während man aber beim Sport in diesem Fall nur Punkte verliert, verliert man beim Anlegen bares Geld.

> **Praxis-Tipp:**
> Niemals gegen die eigene Persönlichkeit spekulieren!

Die meisten Menschen lassen übriges Geld auf dem Sparbuch liegen. In Deutschland sind das über 1 Billion Euro (1 000 Milliarden Euro = 1 000 000 000 000 Euro). Es wird einem bereits schwindlig, wenn man von dieser dreizehnstelligen Zahl die Zinsen ausrechnet. Die Deutschen können arbeiten und sparen – Geld anlegen können sie nicht. So urteilen ausländische Investoren.

Natürlich ist zu viel Geld auf Sparbüchern „angelegt". Oft genug wird das auch kritisiert. Wenn aber jemand vom Typ her ein eiserner Sparer ist, sollte man ihn nicht unbedingt ändern wollen. Im Nachfolgenden werden Sie eine „Strategie für Sparer" kennen lernen, die zu einer erheblichen Ergebnisverbesserung beiträgt, ohne dass der Sparer gleich sein ganzes Grundkonzept aufgeben muss. Aus einfachem Sparen wird strategisches Sparen.

Konservative Investoren sind dem Sparbuch schon lange entwachsen, bleiben aber ihrer soliden, finanzkonservativen Grundlinie treu. Sie haben an den internationalen Börsenplätzen ausgezeichnete Chancen zur Geldvermehrung. Angst vor Horrorkursen und ständiges Zittern wird dabei absolut vermieden. Die „Defensive Strategie" weist den Weg. Wessen Grundkonzept ein höheres Risiko zulässt, der fährt mit der „Dynamisch-zyklischen Strategie" gut. Das Konzept eignet sich für Menschen, die ausreichend Zeit haben, ihre Anlage laufend zu kontrollieren. Eine stabile Psyche ist ebenfalls unverzichtbar.

Wer den Wunsch nach sehr viel Geld hat und gleichzeitig über ein äußerst starkes Nervenkostüm verfügt, wird möglicherweise zum Anhänger der „Aggressiven Erfolgsstrategie und -taktik". Auf diesem hochspekulativen Feld sollten sich allerdings nur Könner tummeln. Alle anderen machen nur Erfahrungen, verdienen aber keinen Pfennig. Mit der „Dynamit-Strategie" hat sich schon mancher selbst in die Luft gesprengt, weil er nicht damit umgehen konnte. Die Kreditspekulation hat eine hervorragende Hebelwirkung, bei der sogar Optionsschein-Fans oft neidisch werden können. Doch wie immer in solchen Fällen wirkt der Hebel nach beiden Seiten. Ein Job für hervorragende Spezialisten – alle anderen verbrennen sich die Finger. Nur die Märkte zu kennen genügt hier nicht, man muss die kleinsten Details analysieren und bewerten können.

> **Praxis-Tipp:**
>
> Wählen Sie selbst: Entscheiden Sie sich für eine einfache oder komplizierte Strategie, für eine solide oder für eine aggressive Taktik. Definieren Sie Ihr Verhältnis zu Chance und Risiko! Legen Sie die Ziele für Ihre Geldanlage fest und bleiben Sie Ihrer Grundlinie treu. Wer sich nicht verführen lässt und unbeirrbar seinen Kurs verfolgt, wird äußerst erfolgreich sein.

Strategie für Sparer

Sparer tun sich grundsätzlich schwer, etwas Neues hinzuzulernen. Viele hindert ihr übertriebenes Sicherheitsdenken daran, manche sind einfach zu bequem. Wer extrem risikoscheu ist, muss beden-

Gewinnbringende Börsenstrategien

ken, dass er sein Vermögen kaum erhalten und schon gar nicht vermehren kann. Bei niedriger Verzinsung und hoher Besteuerung des Kapitals ist das kein Wunder.

> **Beispiel:**
>
> Ein Alleinstehender hat 150 000 Euro auf dem Sparbuch und erhält 3 Prozent Zinsen.
>
> | | | |
> |---|---|---|
> | | | 150 000 Euro |
> | + | 3 Prozent Zinsertrag | 4 500 Euro |
> | − | 40 Prozent Einkommensteuer von den Zinsen gerechnet | 1 800 Euro |
> | | | 2 700 Euro |
> | − | 2 Prozent Inflation vom Gesamtvermögen | 3 000 Euro |
> | | | − 300 Euro |

Selbst wenn sich Zinsen und Inflationsrate immer wieder verändern, bleibt das Netto-Ergebnis stets unbefriedigend. Steigt der Zinsertrag, saugen höhere Steuern und eine beträchtlich höhere Inflationsrate am übriggebliebenen Geld.

Menschen, deren Beruf enorme Energie und Zeit absorbiert, bemerken diese Negativ-Resultate oft lange nicht. Sie schauen nur kurz auf die Zahlen, finden diese in Ordnung und gehen zum Tagesgeschäft über. Nach mehreren Jahren stellt man jedoch erstaunt fest, dass man nur gearbeitet und gespart hat, ohne ein entsprechendes Anlageergebnis einzufahren. Später dann wird es Zeit für ein klares strategisches Konzept. Wer das früher merkt, um so besser.

Einfach und bequem ist der Weg zum Festgeld, das bereits höhere Zinsen als das Sparbuch einbringt. Doch immer noch ist der Erfolg zu gering. Auch Bonussparen und ähnliche Formen, die von Banken verstärkt angeboten werden, führen nicht weiter.

Strategie für Sparer

Börsennotierte festverzinsliche Wertpapiere

Also muss man den Knoten durchschlagen und eine minimale Stufe höher im Risiko gehen. Börsennotierte festverzinsliche Werte bieten die Möglichkeit einer deutlich höheren Rendite, verbunden mit der Chance auf Kursgewinne. Die jährliche Verzinsung wird dabei festgeschrieben, der Kurswert einer Anleihe ändert sich im Laufe der Zeit. Ob Sie sich für Bundesanleihen, Staatsanleihen anderer Länder oder für Anleihen von Industrieunternehmen entscheiden, ist zweitrangig. Das Wichtigste für einen soliden Sparer ist die Sicherheit. Diese findet ihren Ausdruck in der Bonität. Vergewissern Sie sich vor dem Kauf, ob die ausgewählte Anleihe über ein so genanntes Triple-A-Rating (AAA) verfügt. Nur das dreifache A garantiert Ihnen höchste Bonität des Schuldners.

> **Beispiel:**
> Deutsche Bundesanleihen dürfen sich mit AAA schmücken.

Eiserne Sparer für die Börse zu gewinnen, dürfte ein ziemlich schwieriges Unterfangen werden. Hat dieser extreme Geld-Typ schon einige Jahre auf dem Buckel, ist die Sache aussichtslos. Andere wiederum wird man überzeugen können – wenn man ihnen grundsolide Aktien mit möglichst hoher Dividende vorstellt.

Die Zinsen müssen stimmen!

Sparer legen Wert auf Zinsen. Nun gibt es Phasen, in denen man nur äußerst niedrige Zinsen erhält. In solchen Zeiten weist man die Sparer auf Dividenden in Höhe von 4 Prozent, 5 Prozent oder noch höher hin. In Deutschland zahlen die großen Chemieunternehmen wie BASF und Bayer recht ordentliche Dividenden, die auch in Zukunft gesichert sein dürften. Meist liegt die Dividende deutlich über dem üblichen Sparzins. Sieht nun der Sparer, welchen Zins er für eine Aktienanlage erhält, ist er möglicherweise bereit, das Lager zu wechseln.

Gewinnbringende Börsenstrategien

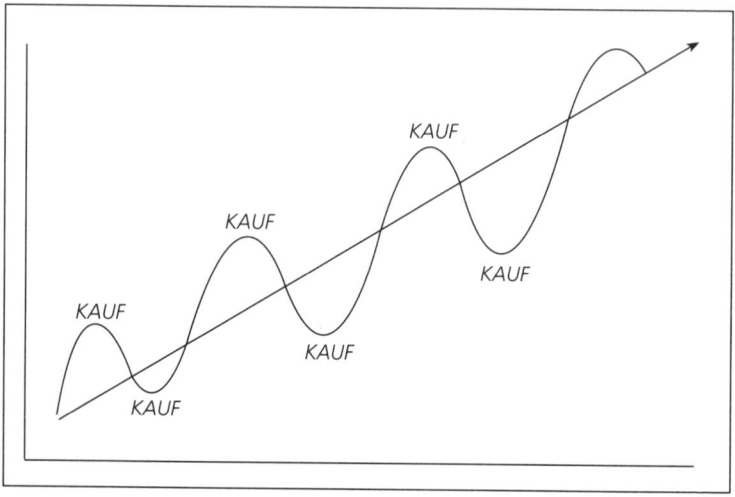

Er wird dies natürlich nicht ohne den Hinweis tun, dass ihn an der Börse ein Kursrisiko erwartet. Auch der beste Berater der Welt wird das nicht leugnen wollen. Doch gibt es Strategien, die das Kursrisiko mindern helfen. Auf der anderen Seite sind Sparer Menschen, die gerne regelmäßig sparen, d. h. sie legen monatlich eine bestimmte Summe kontinuierlich an. Geht der Sparer beim Aktienkauf ähnlich vor, so kann er z. B. viertel- oder halbjährlich jeweils eine bestimmte Summe in seine Aktie investieren. Dadurch erzielt er Durchschnittseinstandspreise, und er profitiert vom so genannten Cost-averaging-Prinzip.

> **Praxis-Tipp:**
>
> Diese Strategie ist, wenn man sie regelmäßig einsetzt, an der Börse nachweislich sehr erfolgreich. Absolute Qualitätsaktien sind natürlich dabei eine wesentliche Voraussetzung. Die zusätzliche Dividende, auf die der Sparer ja soviel Wert legt, versüßt die Kursgewinne obendrein.

Das ist eine der simpelsten Börsenstrategien der Welt, die leider nur von wenigen Sparern beachtet und angewendet wird.

Defensive Strategie

Wer große Risiken vermeiden und trotzdem reich werden will, hat gar keine andere Wahl, als sich für die defensive Strategie zu entscheiden. Nur dadurch verhindert man, in große Fallen zu tappen und sein Geld zu verlieren. Konservative Strategen suchen nicht die ganz große Chance und verdienen dennoch eine Menge Geld. Aber 10 Prozent jährlich sollten es schon sein. Netto und nach Steuern natürlich. Das ist die untere Grundlinie, mehr Gewinn und Zuwachs sind immer willkommen.

Selbstverständlich sind 10 000 Euro Startkapital für die Strategie zu wenig. Bis man wirklich reich wird, dauert es Jahrzehnte. Welcher Jung-Börsianer hat schon soviel Geduld? Deshalb trifft man selten Strategen, die Depots unterhalb der 100 000-Euro-Grenze halten. Wer über diese Summe verfügt, möchte sie meist auch gerne behalten, weshalb sich die defensive, besonders vorsichtige Strategie geradezu aufdrängt. Was sind die Kennzeichen dieser Strategie? Sie sehen im Einzelnen so aus:

- Mittlere bis langfristige Anlage
- Nur beste Qualität wird gekauft
- Konzentration auf wenige Wertpapiere
- Vermeiden täglicher Börsenhektik (dennoch aber laufende Gewinn- und Verlustkontrolle)
- Fundamentalanalyse und Charts spielen bei der Auswahl eine große Rolle
- Zukaufen und aussitzen
- Gekauft werden am liebsten Aktien mit einem stetigen, nach oben zeigenden Kursverlauf

Gewinnbringende Börsenstrategien

Defensive Strategie für konservative Investoren

Finanzkonservative Menschen streben Sicherheit an, allerdings nur in Kombination mit deutlichem Wertzuwachs. Das unterscheidet diese Geldpersönlichkeiten von den reinen Sparern, die gelegentlich vor lauter Sicherheit zu erstarren drohen. Investoren kaufen Wert, sie haben sich vom ausschließlichen Bargeld-Denken längst verabschiedet. Während naive Sparbuch-Fetischisten ihren Kontostand anbeten, haben Investoren ihre Konten geleert und in solide Sachwerte verwandelt.

Zu den Sachwerten zählt neben der auserlesenen gewerblichen oder privaten Immobilie ebenso die Unternehmensbeteiligung. Und hierfür ist die Aktie besonders prädestiniert. Allerdings darf das Investment nur auf besonders solide Aktiengesellschaften ausgerichtet werden. Folgende Hauptkriterien sollte der zukünftige Aktionär bedenken:

- Langfristige Umsatz- und Gewinnentwicklung (Bilanzen/Chart)
- Zusätzliche Rendite in Form von Dividende
- Qualität der Produkte
- Qualität des Managements

Betriebs- und Volkswirte sowie andere spezialisierte Ökonomen werfen gerne einen Blick in Bilanzen und Geschäftsberichte. Wem dies zu aufwendig erscheint oder wer glaubt, nicht über ausreichende Kenntnisse hierfür zu verfügen, der sollte den Kursverlauf der ausgewählten Aktien studieren. Im Chart schlagen alle Hauptkriterien voll durch. Hier gibt es keine nebulösen Informationen, sondern nur klare und unabänderliche Tatsachen.

Beispiel:

Der Chart von Chemie-Aktien spiegelt den Erfolg eines hervorragend gemanagten Unternehmens wider: Herausragende Produkte, die trotz heftiger Diskussionen, Kampagnen und Schlagzeilen ihren Weg machten! In Deutschland, Europa und an den

Defensive Strategie

internationalen Märkten ist man zu Hause. Und genauso verhält es sich mit den Aktionären des Unternehmens. Bei jedem Rückschlag, besonders wenn er kräftig ausfällt, finden sich sofort neue Investoren, die einen Anteil zum Sonderpreis erwerben wollen.

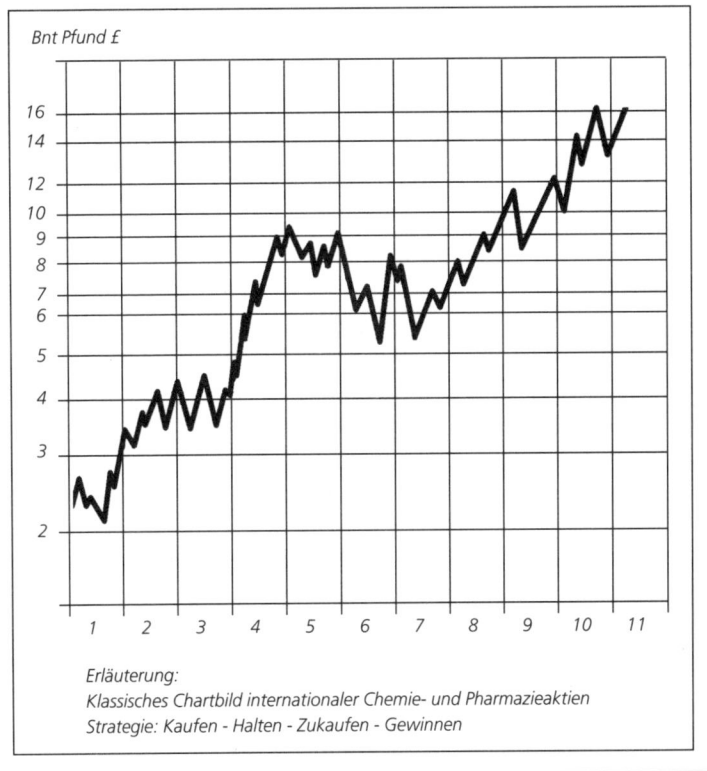

Erläuterung:
Klassisches Chartbild internationaler Chemie- und Pharmazieaktien
Strategie: Kaufen - Halten - Zukaufen - Gewinnen

Zusätzliche Rendite erhält man in Form von Dividende oder eines Bonus. Gelegentlich werden auch Gratisaktien ausgegeben. In Aktionärskreisen sind die internationalen Großchemie-Unternehmen bekannt für ordentliche Dividenden-Zahlungen. Kluge Investoren erzielen wesentlich über dem Durchschnitt liegende Renditen, indem sie sich zum Timing-Künstler weiterentwickeln.

Gewinnbringende Börsenstrategien

Die Kunst des Einkaufs und Verkaufs zum richtigen Zeitpunkt kann man bei diesen hochkarätigen Renditeriesen besser erlernen als bei Schrottaktien, die auch in 20 Jahren noch keine Dividende abwerfen. Steigt man hoch ein, versüßt die Dividende den Schmerz. Kauft man zu tiefen Kursen, steigt die Rendite erheblich an.

> **Beispiel:**
>
> 1,30 Euro Dividende beim Kauf
> von XY-Aktien zum Kurs von 30 Euro = 4,3 Prozent Rendite
>
> beim Kauf zum Kurs von 40 Euro = 3,2 Prozent Rendite
>
> Diese grobe Rechnung – ohne Berücksichtigung der Steuergutschrift und des individuellen Steuersatzes – zeigt den Unterschied. Beim ersten Kauf ist die Rendite um 35 Prozent höher als beim zweiten Kauf.

Konservative Trader, die gerne öfters kaufen und verkaufen, können mit Bayer, Hoechst und Co. ihre Kunst vervollkommen. Sie werden mit Kursgewinnen und hoher Rendite belohnt. Während ein Sparer und Renten-Fan 7 Prozent Zinsen einstreicht, die er allerdings voll versteuern muss, kassiert ein konservativer Trading-Spezialist 30 Prozent steuerfreien Kursgewinn und Dividende noch obendrein.

> **Praxis-Tipp:**
>
> Nicht nur in Deutschland gibt es starke Dividendentitel. Traditionell beteiligt man die Anleger in den Vereinigten Staaten meist angemessen am Unternehmenserfolg. Der Spitzenkonzern Philip Morris steht dabei in vorderster Reihe. Nach deutlichen Kursverlusten, die immer wieder vorkommen und auch Topwerte nicht verschonen, macht der Einstieg besonders Spaß.

Gegessen, getrunken und geraucht wird immer. Also sind Nahrungsmittel, Bier und Zigaretten eine gute Grundlage. Sie bedürfen

Defensive Strategie

jedoch eines äußerst beweglichen und hochsensiblen Managements. So drohen z. B. in den USA Prozesse, die etwa den Marlboro-Produzenten in die Enge treiben könnten. Eventuelle Absatzeinbußen kompensiert das Unternehmen durch Beteiligungen in anderen Ländern, u. a. auch in Osteuropa und Asien.

Neben Philip Morris zählen Unilever und Nestlé zu den großen Nahrungsmittelherstellern. Beide Aktien glänzen nicht durch hohe Dividenden. Dennoch gehören diese Werte auf die ständige Beobachtungsliste defensiver Anleger. So gehörten beim Schweizer Nestlé-Konzern hochprozentige Kurszuwächse pro Jahr zum guten Ton. Selbst wenn das nicht garantiert werden kann, ist die Solidität des Unternehmens unbestritten und lädt bei niedrigen Kursen zum Investment ein.

Nestlé exportiert Schweizer Lebensart in alle Welt. Alphörner sind nicht dabei, aber der Bekanntheitsgrad der Produkte ist mindestens genauso hoch.

Konservative Strategen operieren mit Vorliebe in konjunkturunabhängigen Branchen. Aktien von Bauunternehmen, Kfz-Herstellern oder Maschinenbauern sind ihnen ein Greuel. Diese konjunkturzyklischen Titel gehören nur ins Depot von Dynamikern oder Spekulanten. Die Felder des typischen Defensiv-Investors sind vor allem:

- Energie
- Versorgung
- Nahrungsmittel
- Genussmittel
- Chemie
- Pharma
- Kommunikation

Mit deutschen und internationalen Aktien dieser Branchen fährt man langfristig gut. Dennoch sollten auch konservative Anleger verstärkt die Volatilität der Märkte nutzen. Das erhöht den Gewinn und

Gewinnbringende Börsenstrategien

schärft den Blick für neue Dimensionen. Der intellektuelle Reiz kommt hinzu.

Am neutralen Chart sieht eine defensive Strategie wie folgt aus:

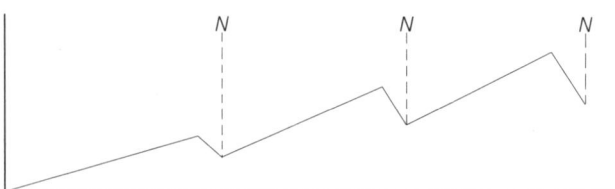

N steht für Nachkauf oder für Neukauf. Es gibt Daueraktionäre, die immer nur zukaufen! Bei einigen Ausnahmetiteln ist das okay. Nestlé gehört zu dieser Spezies. Bei zyklischen und hochspekulativen Aktien darf man diese Strategie keinesfalls anwenden. Dort führt dieser Weg häufig direkt zur Exekution des Depots. Geduldige Strategen lehnen sich gemütlich zurück und schauen genüsslich zu, wie ihr Unternehmen Gewinne macht.

Zusätzlicher Strategie-Vorschlag für konservative Investoren

Modell 1: Stillhaltergeschäfte

Wenn Sie deutsche und internationale Standard-Aktien in Ihrem Depot haben, können Sie durch so genannte Stillhaltergeschäfte eine attraktive Zusatzrendite erzielen. Diese Geschäfte können grundsätzlich an allen großen internationalen Börsenplätzen durchgeführt werden. Im Folgenden werden der Einfachheit halber – und weil die meisten Anleger deutsche Aktien in ihrem Depot halten – die Grundprinzipien der Stillhaltergeschäfte an der EUREX-Terminbörse erläutert. An drei verschiedenen Beispielen stellen wir Ihnen die Chancen und Risiken dar, die sich aus dieser Strategie ergeben.

An der EUREX-Terminbörse haben Privatanleger die Möglichkeit, Stillhaltergeschäfte in den DAX-Werten durchzuführen. Wer also Blue chips wie Daimler-Chrysler, Deutsche Bank, Commerzbank, Bayer, Siemens usw. im Depot hält, kann sich für diese Strategie entscheiden.

INFORMATIONSANFORDERUNG
Schneller per Telefax 0211/680 20 82:

Ich interessiere mich speziell für folgende Themenbereiche:

- ⭕ Selbstmanagement, Motivation und Kommunikation
- ⭕ Privater Vermögensaufbau: Geld, Börse, Steuern
- ⭕ Vorsorge, Recht und Rat
- ⭕ Berufswahl/Berufsorientierung: Weiterbildung
- ⭕ Werben, Verkaufen, Multimedia
- ⭕ Junge Selbständigkeit

Diese Karte entnahm ich dem Buch..

Bitte schicken Sie Informationen an meine Privatadresse: **oder an meine Firmenadresse/Dienststelle:**

Name/Vorname

Straße

PLZ, Ort

Telefon/Telefax

Firma

Name/Vorname

Abteilung/Position

Straße

PLZ, Ort

Telefon/Telefax

Wir speichern Ihre Daten elektronisch.
Keine Weitergabe, kein Verkauf.

„Thurows Analyse der Weltwirtschaft ist erfrischend, hervorragend dargelegt und provokativ."
The New York Times

Lester C. Thurow
Die Reichtums Pyramide
300 Seiten
fest gebunden mit
Schutzumschlag
ISBN 3-89623-176-6
DM 78,-
ÖS 569,00 / SFr 71,00

**Besuchen Sie uns im Internet:
www.metropolitan.de**

Telefon: 0211 / 680 42 13
e-mail: metropolitan@walhalla.de

Chlorfrei gebleichtes Papier

Antwortkarte

**Metropolitan Verlag
Walhalla Fachverlag
Fit for Business**

Uhlandstraße 44
D-40237 Düsseldorf

Bitte
freimachen

Defensive Strategie

Beim Stillhaltergeschäft handelt es sich um den Verkauf einer gedeckten Kaufoption. Es ist nichts anderes als ein zeitlich begrenzter, limitierter Verkaufsauftrag. Hierbei hat sich der Anleger ein bestimmtes Kursziel als mögliches Verkaufsniveau für seine Aktien gesetzt. Der Aktionär verpflichtet sich für einen exakt festgelegten Zeitraum, z. B. 3 Monate, zu einem 5 Prozent oder 10 Prozent über dem aktuellen Kurs liegenden Preis seine Aktien zu verkaufen. Für diese eingegangene Verpflichtung erhält der Anleger die so genannte Stillhalterprämie.

Beispiel:

Der Kurs der XY-Aktie am 1. September an der Frankfurter Börse beträgt 265 Euro. Der Anleger hat 50 Stück Aktien in seinem Depot – oder er kauft die Papiere – und geht ein Stillhaltergeschäft ein. Damit verpflichtet er sich zum Verkauf (Lieferung) beispielsweise bis Mitte Dezember zum festgesetzten Preis von 280 Euro. Als Stillhalterprämie nimmt er fiktiv 5 Euro pro Aktie ein. Das bedeutet, sein Verkaufskurs beträgt somit 285 Euro.

Angenommene Kursverläufe der XY-Aktie bei festgelegtem Verkaufspreis von 280 Euro:

Grafik 1

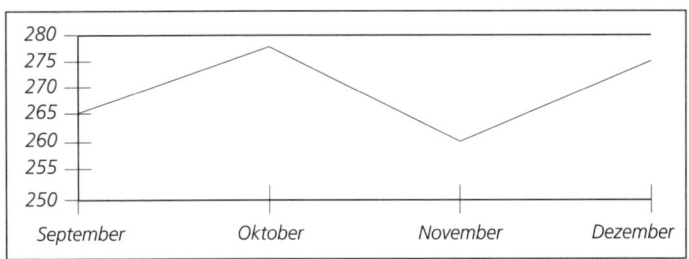

Erläuterung zu Grafik 1:

Nachdem die XY-Aktie bis zum Ende des Stillhaltergeschäfts im Dezember den Kurs von 280 nicht überschritten hatte, behält der Aktionär seine Papiere im Depot und vereinnahmt die bereits

Gewinnbringende Börsenstrategien

erhaltene Prämie vollständig. Seine ursprünglich eingegangene Verpflichtung zur Lieferung der Aktien ist damit ausgelaufen.

Grafik 2

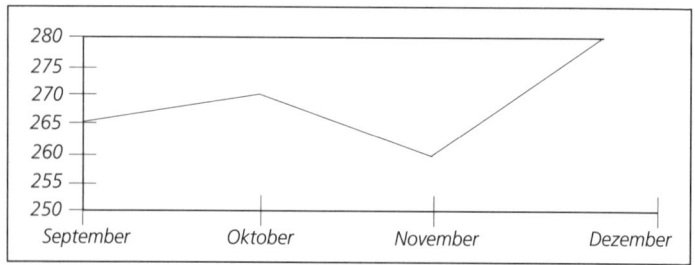

Erläuterung zu Grafik 2:

Der Kurs der Aktie steigt bis zum Ende des Stillhaltens auf 280. Die Aktien bleiben im Depot. Der Stillhalter vereinnahmt die Prämie komplett, und seine Verpflichtung zur Lieferung erlischt. Ein anschließendes Stillhaltergeschäft kann zu einem höheren Verkaufskurs erneut eingegangen werden. Hierfür lässt sich wiederum eine Prämie vereinnahmen.

Grafik 3

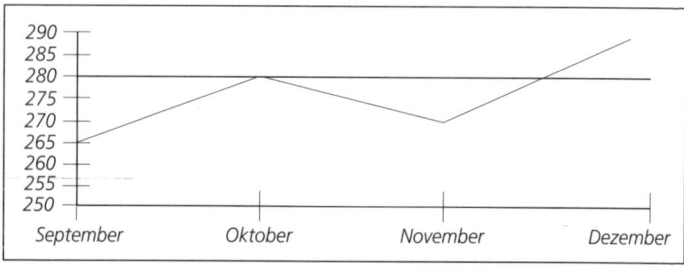

Erläuterung zu Grafik 3:

Die Aktie steigt über den Basispreis von 280 Euro. Damit wird der Bezug (Abruf der Papiere) für den Kontrahenten des Still-

Defensive Strategie

> halters attraktiv. Der Stillhalter muss auf Verlangen die Papiere zum Verkaufspreis von 280 Euro liefern. Allerdings hat der Stillhalter auch die Möglichkeit, die verkaufte Option zurückzukaufen und sich damit von der Verpflichtung zu befreien. In diesem Fall behält der Anleger seine im Wert gestiegenen Aktien im Depot. Es ergibt sich erneut die Chance, ein weiteres Stillhaltergeschäft einzugehen. Wiederum wird die Prämie vereinnahmt. Der Verkaufspreis kann gleichzeitig z. B. auf 300 Euro heraufgesetzt werden.

Achtung: Die vorgeschlagene Strategie hat nichts mit hochspekulativen Leerverkäufen zu tun. Denn Sie verkaufen Kaufoptionen auf Aktien, die Sie tatsächlich in Ihrem Depot besitzen. Der hochspekulative Leerverkäufer hingegen verkauft Aktien, die er gar nicht besitzt. Liegt er falsch, muss er diese später zu einem höheren Kurs kaufen und sich für eine eventuelle Lieferung eindecken. Sein Risiko ist äußerst hoch.

In Grafik 1 und 2 wurden Strategien dargestellt, die dem konservativen Investor ein zusätzliches Einkommen bescheren. Mit Timing-Geschick kann das entsprechend hoch ausfallen. Ein Verlustrisiko kommt bei diesem Geschäft nicht hinzu. Sollten die Aktien sinken, dann wären sie auch ohne den begleitenden Verkauf von Kaufoptionen gesunken. In unserem Beispiel wird der Verlust durch ein Zusatzeinkommen in Form von Prämieneinnahmen versüßt.

Wichtig: Nur wenige Privatanleger wissen von diesem Geschäft. Es ist überwiegend in den Händen der Profis. Doch das braucht Sie nicht zu stören. Handeln Sie selbst professionell.

Gewinnbringende Börsenstrategien

> **Praxis-Tipp:**
>
> Immer dann, wenn Sie eher eine Börsenflaute prognostizieren, aber dennoch Ihren Aktienbestand halten wollen, kommt diese vorgeschlagene Strategie in Frage. Sie veroptionieren Ihr Depot, anstatt es zu verkaufen. Eine besonders große Kunst ist das bei deutschen Standardwerten nicht, denn beim DAX gibt es Flauten oder Abwärtstrends genug. Wer das nicht ausnützt, ist selbst schuld.

Modell 2: Absicherung und Profit durch Kauf einer Verkaufsoption

Für Anleger, die in Hausse-Phasen öfters das Verkaufen ihrer Papiere vergessen, gibt es eine kluge und einfache Absicherungsstrategie: Man kauft Verkaufsoptionen an der Terminbörse.

Beispiel:

Ein Investor erwirbt Aktien des Unternehmens XY zu einem Einkaufskurs von 280 Euro. Seine Erwartungen erfüllen sich, und der Kurs klettert wie im Bilderbuch auf 330 Euro. Doch warum verkaufen, wenn man an weitere Kurssteigerungen glaubt? Außerdem befindet sich die Anlage in der steuerlich relevanten Sechsmonatsfrist. Dem betont sicherheitsorientierten Anleger erscheint eine Absicherung des Aktienkurses bei 320 Euro als sinnvoll, denn niemand garantiert, dass die Kurse tatsächlich weiter nach oben marschieren.

Für etwas Kleingeld – in unserem Beispiel etwa 5 Euro – wird für einen bestimmten Zeitraum das Recht erworben, die Aktien zum vereinbarten Preis von 320 Euro verkaufen zu können. Jetzt kann der Investor genüsslich eine Pause einlegen und in Ruhe die weitere Entwicklung an den Märkten beobachten. Dabei hat er stets die Sicherheit im Hintergrund – gleichgültig welcher Kurs sich einstellen sollte –, mindestens zum Kurs von 320 Euro verkaufen zu können. Seine erworbene Verkaufsoption garantiert ihm dies.

Defensive Strategie

Exemplarische Kursverläufe der XY-Aktie mit Kursabsicherung bei 320 Euro:

Grafik 1: Aktienkurs schwankt

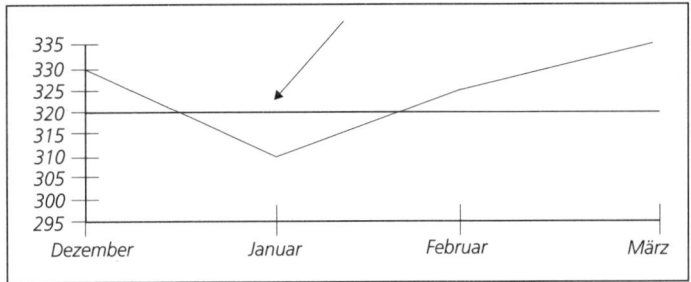

Erläuterung zu Grafik 1:

Der Kurs schwankt im Zeitverlauf und erreicht sein Tief von 310 Euro im Januar. Dem Investor stehen nun drei Möglichkeiten offen:

- Verkauf der zuvor gekauften Absicherung (Verkaufsoption) zu 10 Euro. Der Wert der Option ist inzwischen auf diese Höhe angestiegen. Das bringt dem Investor einen Optionsgewinn von 100 Prozent. Seine Aktien behält er weiterhin in seinem Depot.

- Er kann seine Aktien zum Kurs von 320 Euro verkaufen, obwohl dieser effektiv bei 310 Euro liegt.

- Der Anleger wartet komfortabel die weitere Entwicklung ab, denn er ist abgesichert und kann seine Papiere in jedem Fall auch noch im März für 320 Euro verkaufen.

Die Kursentwicklung der Grafik zeigt, dass sich der Aktienkurs erwartungsgemäß positiv gestaltet hat. Die Absicherungsstrategie erwies sich als kurzfristig richtig. Man konnte in Ruhe den Verlauf abwarten.

Gewinnbringende Börsenstrategien

Grafik 2: Aktienkurs stürzt ab

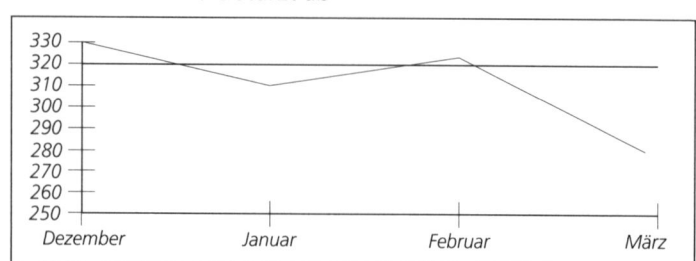

Erläuterung zu Grafik 2:

Nun ist die Situation da, in der sich der geringe Aufwand für die Kursabsicherung mehr als bezahlt macht. Während der Absicherungsphase fällt der Aktienkurs deutlich unter das beabsichtigte Verkaufsniveau von 320 Euro. Aktionäre, die ihr Depot nicht veroptioniert haben, schauen zu, wie ihre nicht realisierten Gewinne dahinschmelzen. Noch höhere Verluste sind denkbar.

Aber unser Investor hat seine Versicherungsprämie bezahlt, und er hat deshalb folgende zwei Möglichkeiten:

- Die Kurstafel zeigt 280 Euro an. Der Aktionär übt seine Verkaufsoption aus und verkauft seine Papiere zu 320 Euro pro Stück. (Falls er für die Zukunft bullisch ist, kann er die Papiere am selben Tag zum Kurs von 280 Euro zurückkaufen.)

  Damit ergibt sich ein Gewinn von 40 Euro je Aktie. Falls zwischenzeitlich die Spekulationsfrist von sechs Monaten überschritten wurde, ist der Gesamtgewinn steuerfrei.

- Die für 5 Euro erworbene Option wird an der Terminbörse verkauft. Mittlerweile ist die Verkaufsoption auf einen Preis angestiegen, der sich aus der Differenz zwischen Verkaufspreis (320 Euro) und aktuellem Börsenkurs (280 Euro) ergibt. Also erhält man für die Option 40 Euro.

  Die Aktien verbleiben im Depot des Anlegers, der seinen gegenwärtigen Buchverlust durch den Gewinn beim Optionsgeschäft kompensiert.

> **Praxis-Tipp:**
> Viel zu wenige Privatanleger nutzen die Möglichkeit der Kursabsicherung an der Terminbörse. Sie haben regelrecht Angst davor und denken, dass dort alles ausschließlich unter hochspekulativen Gesichtspunkten abläuft. Das ist jedoch nur die eine Hälfte. Die andere spielt gerade dem defensiven Investor in die Hände. Greifen Sie zu, nutzen Sie die Chancen! Lassen Sie sich vor Ihren ersten Geschäften gut beraten. Sie erzielen dabei finanzielle und psychische Erfolge, denn von nun an schlafen Sie besser.

Zyklisch-dynamische Strategie und Taktik

Sparer und konservative Investoren haben grundsätzlich die längerfristige Anlage im Visier. Ihr Ziel ist es, eine möglichst hohe Rendite zu erzielen, wobei gleichzeitig ihr großes Sicherheitsbedürfnis nicht tangiert werden darf. Je stärker dieses ausgeprägt ist, desto niedriger fällt in der Regel die Rendite aus. Da diese Geld- und Börsentypen in wachstumsorientierte und relativ konjunkturunabhängige Werte investieren, achten sie nicht so sehr auf die Zyklik der Wirtschaft. Wenn sie sich überhaupt für einen Zyklus interessieren, dann ist es der Zinssatz in seinem Auf und Ab.

Dieser spielt natürlich auch für den zyklisch-dynamischen Strategen und Taktiker eine Rolle. Aber mehr noch interessiert er sich für Unternehmen, die von der Gesamt- und Branchenkonjunktur besonders begünstigt oder besonders benachteiligt werden. In solchen Aktien stecken die echten Riesengewinne der Börse.

- Doch wie findet man sie, und wie geht man strategisch vor?
- Ist nicht das Verlustrisiko viel zu hoch?
- Wie lange dauert so ein positiver Zyklus?
- Wann steige ich ein, und wann steige ich aus?

Alles entscheidende Fragen, die im Folgenden beantwortet werden.

Gewinnbringende Börsenstrategien

Berg- und Talfahrten sind an den Aktienmärkten üblich. Wer seine Freude daran hat und an intensiven Fahrten teilnehmen will, der sollte Werte ins Depot nehmen, die stark zyklisch reagieren. Spezialisten, die einzelne Branchen besonders gut kennen, haben Gelegenheit, ihr Wissen in bare Münze umzuwandeln. Unreflektierte Börsenjobber sind dabei chancenlos. Sie fahren nicht nur Kurs-Achterbahn, sondern auch Geisterbahn.

Automobilaktien

Zu der Branche, die man ohne spezielle Fachkenntnisse gut durchleuchten kann, zählt die Fahrzeugbau-Branche. Automobile kennt jeder, und die Verkaufsstatistik durchzuarbeiten ist auch kein unlösbares Problem. Schwieriger ist die Prognose. Hierzu muss man sich zunächst die einzelnen Marktanteile genau ansehen. Die jeweiligen Marktsegmente sind durch die spezifischen Modelle meist voll belegt. Gelingt es aber einem Automobilproduzenten, zum Vorreiter einer neuen Klasse zu werden, springt der Aktienkurs geradezu nach oben.

Ist das Kreieren einer neuen Klasse unmöglich, dann macht man es so wie die Werbestrategen von BMW. Sie brachten die neue Fünfer-Reihe auf den Markt mit Slogans wie „Vergleichen – womit?" So schafft man eine eigene Klasse und erzeugt das Image, ein unvergleichliches Automobil herzustellen. Der Kunde nimmt es gerne an – das ist echte Avantgarde für Individualisten. Allerdings ist die Reichweite und Tiefe einer solchen Strategie begrenzt. Einen kurzen zeitlichen Rahmen dürfte sie halten; danach muss man sich etwas Neues einfallen lassen.

Die Fahrzeughersteller sind seit ihrem Bestehen extrem konjunkturabhängig. Dabei ist die Börse dem Boom meist ein bis zwei Jahre voraus. Kommt der Automobilabsatz ins Stocken, haben die Aktienkurse dies schon lange vorweggenommen. In der tiefsten Depression, wenn niemand mehr an hohe Verkaufszahlen denkt, beginnen die Autopapiere wieder zu steigen. Mutige Investoren haben ungeheure Kurschancen, wenn sie in etwa den richtigen Zeitpunkt zum Einstieg erwischen. Das Ideal-Timing sollte man gar nicht erst anstreben, sonst wird man neurotisch. Es ist besser, man verwendet

Zyklisch-dynamische Strategie und Taktik

seine Energien auf den zeitlich passenden Ausstieg. Hier werden nämlich die größten Fehler gemacht.

Wichtig: Die Zyklik von Automobilaktien erkennt man sofort am Kursverlauf. Sie gilt übrigens für Produzenten in allen Ländern, wie nachfolgender Vergleich zeigt.

Schon immer waren Automobilproduzenten gut für schnellen Profit. Das gilt auch für die Amerikaner General Motors und den Daimler-Partner Chrysler. Ebenso für die Volkswagenaktie, die seit Jahrzehnten große Kursschwankungen aufweist. Diese Papiere sind alles andere als Volksaktien. Sie sind vielmehr ausschließlich für Spezialisten geeignet. Selbst Durchschnittsbörsianer sollten davon die Hände lassen.

Typische Zyklik bei Automobil-Aktien

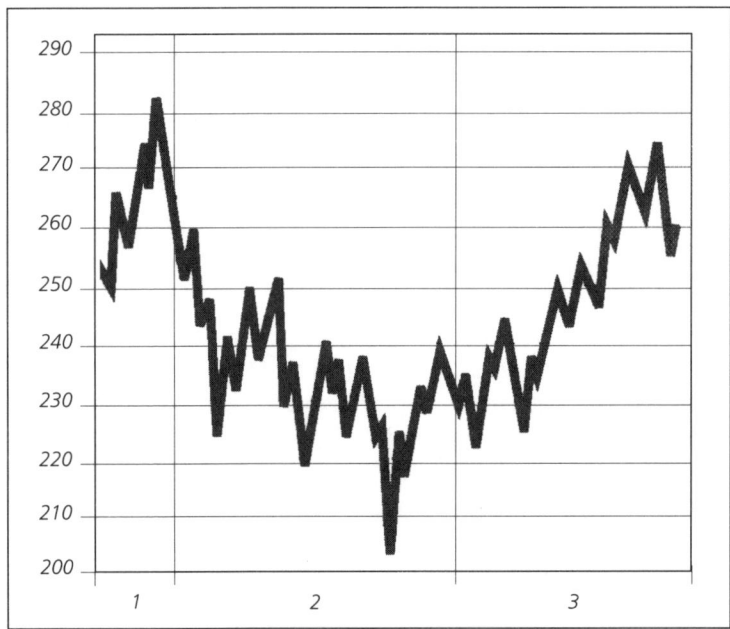

Gewinnbringende Börsenstrategien

> **Praxis-Tipp:**
>
> Automobilaktien kauft man, wenn sie niemand haben will. Zu diesem Zeitpunkt sind die Halden übersät mit Limousinen, Coupés und Cabriolets. Die Produzenten ködern neue Kunden mit einer Kreditfinanzierung, deren Zinssatz auf 0,1 Prozent rutscht. Es hat den Anschein, als wolle kein einziger Mensch mehr ein Auto kaufen. Börsianer lesen bei Autoaktien nur noch Verkaufsempfehlungen. Geht man während eines solchen Szenarios, das nicht aus der Luft gegriffen ist, zur Bank, schlägt der Berater bestimmt die Hände über dem Kopf zusammen. Ist man nun schlauer? Mit Sicherheit, denn jetzt ist die Zeit zum Einstieg gekommen.

Große zyklische Spekulationen muss man stets in Phasen extremer Verunsicherung beginnen. Tiefe Skepsis, gepaart mit Hoffnungslosigkeit, ist der psychologische Nährboden, aus dem riesige Börsengewinne hervorgehen. Allerdings muss man diese Gewinne auch tatsächlich mitnehmen. Und das tut nur derjenige, der wirklich verkauft. Man verkauft Automobilaktien, kurz bevor die Absatzzahlen höchste Höhen erreicht haben. Als Hilfsmittel benötigt man dazu einen aktuellen Chart sowie die aktuellen Umsätze der Aktie. Ärgern Sie sich nicht, wenn Sie hin und wieder einmal zu früh verkaufen. Es bleibt immer noch genügend Gewinn übrig.

Bau-Aktien

Sehr hohe Börsengewinne verspricht auch eine andere Branche, der Bau. Ebenso stark wie die Baukonjunktur schwankt, bewegen sich auch die Aktienkurse. Die Spekulation mit diesen Titeln wird in Zukunft deshalb schwieriger, weil der Staat drastisch sparen muss. Es ist deshalb nicht mehr so viel Geld vorhanden wie in früheren Zeiten. Die Börsianer müssen genau beobachten, in welcher Sparte am Bau die Gelder fließen.

Doch nicht nur die öffentliche Hand, auch die Privatleute prüfen ihre Bauvorhaben noch kritischer als in früheren Jahren. Diese unge-

Zyklisch-dynamische Strategie und Taktik

heure Sparwelle geht nicht ohne Umsatzeinbußen an der Baubranche vorüber.

> **Beispiel:**
> Ein Leckerbissen für dynamisch-zyklische Anleger ist die Kursdynamik. Wer bei einer Bau-Aktie zum Kurs von 150 einstieg, der hatte eineinhalb Jahre später 750 pro Aktie in der Tasche. Aber noch im gleichen Jahr fiel das Papier auf 430 und stand ein Jahr später wieder bei über 650.

> **Praxis-Tipp:**
> Solche Kursdynamik ist typisch für hochspekulative Bauwerte. Wer diese Aktie in sein Depot aufnimmt, muss sie börsentäglich beobachten.

Vor dem Kauf muss natürlich das Umfeld genau sondiert werden. Aufträge im Straßenbau werden nur vom Staat vergeben. Über den jeweiligen Auftragsbestand informieren Sie sich am besten auf dem Weg über Ihre Hausbank oder durch Ihren Berater. Gelegentlich finden Sie natürlich auch aktuelle Presseberichte, die Ihnen ebenfalls behilflich sind.

Da die Bauaktivitäten insgesamt nicht auf Null zurückgehen werden, haben Bau-Aktien immer wieder ein gutes Erholungspotenzial. Sie sind ideale Tradingpapiere, d. h. man kauft und verkauft innerhalb von kurzen Zeitabständen. Börsensäuglinge, die dazu tendieren, ihre Aktien gelegentlich aus den Augen zu verlieren, sollten von Bautiteln ihre Finger lassen.

> **Praxis-Tipp:**
> Beim Kauf zyklisch-dynamischer Aktien müssen Sie folgende Punkte besonders beachten:
> - Fundamentaldaten
> - Täglich Kurse beobachten
> - Chartbild berücksichtigen
> - Gewinn- und Verlustkontrolle

Gewinnbringende Börsenstrategien

Betriebswirtschaftliche Daten aus dem Unternehmen sind eine unverzichtbare Basis für die Kaufentscheidung. Die gesamtvolkswirtschaftliche Lage sowie die Spezialkonjunktur der jeweiligen Branche sind zu berücksichtigen.

Zusätzlich erleichtert uns der Chart den Kauf der Aktie. Kaufen Sie niemals in einen fallenden Abwärtstrend hinein. Warten Sie immer die Trendwende ab. Sie kann ein halbes Jahr, aber auch ein Jahr betragen. Erst bei Bestätigung eines neuen intakten Aufwärtstrends kann man sich einigermaßen sicher fühlen.

Zyklik einer Bau-Aktie

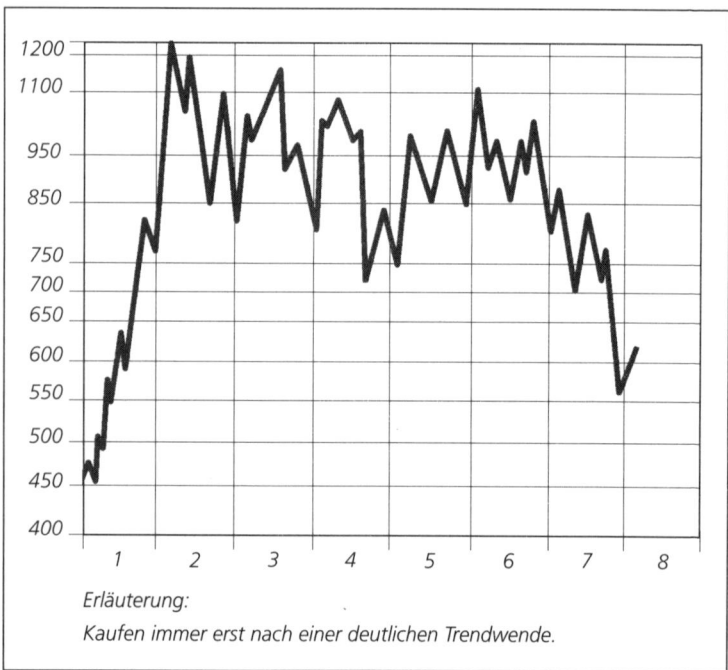

Erläuterung:
Kaufen immer erst nach einer deutlichen Trendwende.

> **Praxis-Tipp:**
> Als Faustregel gilt für zyklische Branchen: Gewinne spätestens nach eineinhalb Jahren mitnehmen. Länger warten sollte nur, wer eine Sondersituation erkennt. In jedem Fall aber ist eine tägliche Gewinn- und Verlustkontrolle unverzichtbar. Hat man einmal einen Fehler erkannt, muss er sehr rasch korrigiert werden. Mit etwas Umsicht und Konzentration erzielt man mit zyklischen Aktien Gewinne zwischen 50 und 500 Prozent. Doch ist die Turnaround-Situation eines Unternehmens erst einmal bestätigt, sollte man nicht mehr einsteigen. Dann ist es eher Zeit, Gewinne mitzunehmen.

Aggressive Erfolgsstrategie und -taktik

Aggressive Erfolgsstrategen operieren hauptsächlich in solchen Märkten, die ein überdurchschnittlich hohes Chancenpotenzial beinhalten. Das gilt gleichermaßen für kurz-, mittel- und langfristige Transaktionen. Im Einzelnen handelt es sich dabei um folgende Anlageobjekte:

- volatile deutsche Aktien
- volatile ausländische Aktien
- Optionsscheine
- Optionen
- Futures

Nicht ein einziges dieser Marktsegmente würde in die Depots von Sparern und konservativen Investoren wandern. Ihr Sicherheitsbedürfnis ist dafür viel zu stark ausgeprägt. Wer jedoch das ganz große Geld verdienen will und wer Riesengewinne an der Börse nicht nur aus Schlagzeilen kennt, der hat keine andere Wahl, als sich exakt in diese Märkte zu begeben. Nur sie bieten die Grundlage für spektakuläre Höchstgewinne.

Gewinnbringende Börsenstrategien

Selbstverständlich erkauft man sich diese Chancen mit dem Preis des Risikos. Doch das ist jedem seriösen Kaufmann bekannt. Wer z. B. im Mittelalter hohe Gewinne durch den Verkauf exotischer Gewürze machen wollte, musste ganz erhebliche Risiken eingehen. Damals wurden Schiffe von Piraten versenkt, oder sie gingen in einer Sturmflut unter. Bei den genannten Börsengeschäften liegt das hohe Risiko hingegen einzig in den exorbitanten Kursschwankungen, wie sie nun einmal hochspekulativen Geschäften zu Grunde liegen. Diese Risiken werden niemals perfekt beherrschbar sein. Daran können auch auf den neuesten Stand gebrachte Computerprogramme nichts ändern. Der Computer ist nur fleißiger und eifriger beim Sammeln von Fakten, aber nicht intelligenter als der Mensch.

Deutscher Aktienmarkt

Ein aggressiver Anleger hält auf dem deutschen Aktienmarkt Ausschau nach unterbewerteten oder sich im Turnaround befindenden Spezialwerten. Dabei sind wiederum fundamentale, technische und psychologische Hintergründe zu beachten. Der Niedergang der Frankfurter Metallgesellschaft war für eine solche Spekulation ein glänzendes Beispiel. Mit Hauptaktionären wie der Deutschen Bank und der Dresdner Bank befindet man sich unter starken Partnern. Es ist kaum anzunehmen, dass sie mit ihrer Einlage einen Totalverlust erleiden wollen.

Wichtig: Damit wird bereits eine Hauptregel für den Umgang mit hochspekulativen Aktien aufgestellt: Man kauft nur Aktien, die sich in starken Händen befinden.

Ist dies gegeben, verzichtet man natürlich dennoch nicht auf den dazugehörigen Chart.

Jeder hat die unrühmlichen Schlagzeilen gelesen, die beim Absturz des Unternehmens durch die Presse gingen. Die Börse hat das längst vorweggenommen. Dass es hier keine Insidergeschäfte gegeben hat, glaubt kein Mensch. Es gab jedoch noch kein verschärftes Insiderrecht. Einerlei, nach fünfjähriger Kurstalfahrt erfolgte eine ein-

Aggressive Erfolgsstrategie und -taktik

jährige Bodenbildung, die aller Voraussicht nach in einen neuen Aufwärtstrend münden wird. Charttechnisch sieht das Ganze geradezu wie eine Idealsituation aus. Wenn schon nicht im Depot, so haben alle wirklich spekulativen Anleger diesen Titel zumindest auf ihrer Beobachtungsliste. Was zuvor eine sichere Kapitalvernichtung war, erweist sich in Zukunft häufig als Voraussetzung zur Kapitalvervielfachung. Die unbedarfte Masse nebst einer Vielzahl von Börsensäuglingen sucht dagegen meist Aktien aus, deren Kurs dem Höchstpunkt nahe ist.

Ausländischer Aktienmarkt

Wer hochspekulative ausländische Aktien in seinem Depot haben will, sollte zunächst nicht einzelnen Aktien nachjagen, sondern die Indizes beobachten. Entweder sucht man sich verfallene Märkte aus wie z. B. die Tokioter Börse nach fünfjähriger Baisse, oder man steigt in Aktien hochvolatiler Märkte ein. Letzteres ist z. B. an der Börse Mailand gegeben: In Italien tendieren sogar konservative Unternehmen zu hochspekulativen Kursausschlägen. Bestes Beispiel hierfür sind die Telekommunikationstitel. Diese Aktien haben abenteuerliche Kurstiraden hinter sich, bei denen jedem echten Spekulanten das Herz im Leibe lacht. Wer rechtzeitig eingestiegen war, konnte binnen eineinhalb Jahren sein Kapital verfünffachen.

Die Wirtschaft Italiens, besonders die des Nordens, verfügt über eine erstaunliche Dynamik. Kritik am Zustand des Landes bezieht sich zumeist auf die Politik. Die Politiker Italiens haben in den nächsten Jahren geradezu eine Sisyphusarbeit vor sich. Diesen Zustand allerdings kann man nicht kritisieren, denn er gleicht exakt dem in anderen europäischen Ländern. Man hat die Probleme immer wieder aufgeschoben, anstatt sie zu lösen. Schließlich erreichen sie ein solches Niveau, dass es jederzeit zum Crash kommen kann. Hier wird nicht vom Börsencrash gesprochen, denn die Unternehmen Europas haben aus der letzten Krise im Kern die Konsequenzen bereits gezogen. Der Staat hat das allerdings noch nicht getan, weshalb noch

Gewinnbringende Börsenstrategien

einige Sozialcrashs bevorstehen. Das gilt für Systeme wie z. B. Rentenversicherung und Krankenkassen ebenso wie für das gesamte System der Staatsfinanzen. In jeder Krise steckt natürlich auch eine Chance. Und je nachhaltiger man an die Lösung dieser Probleme herangeht, desto positiver wird die Börse darauf reagieren.

Optionsscheine

Hochspekulative Aktien haben gegenüber Optionsscheinen und anderen Derivaten den Vorteil, dass ihnen keine Auslauffrist droht. Dennoch haben Optionsscheine unter den Spekulanten hierzulande viele Anhänger. Deutschland gilt als Eldorado für Optionsschein-Emittenten. In keinem anderen Land der Welt werden mehr Optionsscheine gehandelt und umgesetzt als in Deutschland. Wie passt das zusammen? Auf der einen Seite gilt Deutschland als ein Börsenentwicklungsland mit nur 5 bis 6 Prozent Aktionären. Auf der anderen Seite wird hier die internationale Spitzenklasse bei Optionsscheinen gebildet.

Die Erklärung ist einfach. Für viele Börsianer lautet das Motto: Wenn schon spekulieren, dann richtig. Sie sind nicht an Gewinnen von 10 oder 20 Prozent interessiert, sondern wollen 100 Prozent und mehr gewinnen.

Dagegen ist nichts einzuwenden, aber man muss das Geschäft verstehen. Zunächst einmal ist bei Optionsscheinen zu trennen zwischen den verschiedenen Typen. Es gibt nicht nur Kurzläufer und Langläufer, sondern entscheidend ist, auf welches Objekt sich der Optionsschein bezieht. In diesem Sinne unterscheiden sich Optionsscheine auf

- Aktien
- Indizes
- Währungen
- Zinsen

Aggressive Erfolgsstrategie und -taktik

Optionsscheine auf Aktien

Aktien-Optionsscheine sind bei Anlegern besonders beliebt. Je nachdem, wie groß die Hebelwirkung des Optionsscheins ist, steigt und fällt der Kurs des Scheins im Verhältnis zur Aktie. Wer sich für einen Aktien-Optionsschein interessiert, muss unbedingt den Kursverlauf der Aktie als Hauptkriterium für seinen Einstieg nutzen. Es nützt nicht viel, auf das Chartbild des Optionsscheins zu schauen, da sich dieses nur in Abhängigkeit vom Aktienkurs ergibt. Gelegentlich allerdings führen solche Optionsscheine ein Eigenleben, d. h. sie steigen nicht, obwohl die Aktie nach oben klettert. In diesem Fall ist es der eigene Markt der Optionsscheine, der sich selbst seinen psychologischen Rhythmus schafft.

Wer aggressiv an die Märkte geht, will viel Geld verdienen. Deshalb meidet man meistens die etwas langweiligen Scheine, die sich auf gute Unternehmen beziehen und eine lange Laufzeit haben. Doch auch mit diesen Optionsscheinen lässt sich viel Geld verdienen, wenn man sie sehr oft kauft und verkauft. Ein Prototyp hierfür ist der Optionsschein Dresdner Bank 1996/2003. Er läuft noch bis zum Jahr 2002 und bietet dem Spekulanten den Vorteil, einigermaßen kalkulierbar zu sein. Clevere Anleger verdienen hier mehrmals 20 oder 30 Prozent im Jahr. Wem dieser Schein zu behäbig ist, der sollte sich auf Optionsscheine von Spezialwerten konzentrieren oder ins Ausland – insbesondere nach Japan – gehen. Allerdings ist dort das jeweilige Bezugsrecht exakt zu studieren.

Die Strategie für diese Scheine lautet: Gewinne bis zu ca. 1/2 Jahr laufen lassen und möglichst steuerfrei mitnehmen. Verluste auf 10 Prozent begrenzen. Besonders bei den Exoten ist diese Regel Geld wert.

Achtung: In letzter Zeit sind bei Aktien-Optionsscheinen immer weniger Originalzertifikate auf dem Markt. Dafür steigt der Anteil der sog. Covered Warrants. Lassen Sie sich davon nicht verunsichern. Die entscheidende Frage lautet nicht, ob Original oder CW-Schein. Viel wichtiger ist der Umsatz der Optionsscheine.

In diesem Geschäft gibt es einige Banken in Deutschland, denen man das Kompliment machen kann, dass sie sich um die Umsätze ihrer ausgegebenen Optionsscheine auch tatsächlich kümmern. Sie forcieren diesen Markt durch eine hervorragende Informationspolitik, die es dem Spekulanten erleichtert, den von ihm favorisierten Schein täglich zu beobachten. Die Stunde der Wahrheit naht jedes Mal beim Verkauf. Aus diesem Grund sind die tatsächlichen Umsatzzahlen zu einem der wichtigsten Kriterien für Optionsscheine geworden. Verschaffen Sie sich daher in jedem Fall vorher Klarheit darüber, wie hoch die Tagesumsätze Ihrer ausgewählten Aktien-Optionsscheine sind.

Optionsscheine auf Indizes

Optionsscheine auf Indizes stellen sich manchem Erfolgsstrategen als gute Alternative zu Aktien-Optionsscheinen dar. Hier muss man sich nicht um einzelne Titel kümmern, sondern hat nur den Trend des ausgewählten Index im Auge. Die Spekulation auf Indizes hat ihre eigenen Probleme, aber auch ihren eigenen Reiz. So kann man auf sehr breite Indizes setzen, wie z. B. den Standard & Poors 500, oder auch den bekanntesten Index der Welt, den Dow-Jones-Index, auswählen. Zudem bietet die Index-Spekulation die Möglichkeit, sich kleinere Märkte vorzunehmen, an denen man nicht so gerne in eine einzelne Aktie investieren möchte.

Wem z. B. einzelne Werte der südafrikanischen Börse zu spekulativ erscheinen, wer aber dennoch dem Land insgesamt eine gute Wirtschaft prophezeit, der kann Optionsscheine auf dem Johannesburger ISE-Index erwerben. Call-Optionsscheine auf diesen Index waren in den letzten Jahren ein glänzendes Geschäft.

Aggressive Erfolgsstrategie und -taktik

> **Praxis-Tipp:**
>
> Auch Indizes haben ihren klaren Trend. Ein besonderer Reiz liegt im Ausnutzen von kurzfristigen Trends. Dem intelligenten Investor bietet das die Chance, je nach Einschätzung der Marktlage auf fallende oder steigende Kurse zu setzen.

Einerlei, ob sich ein Index in einer starken Hausse- oder einer starken Baisse-Phase befindet, immer wieder erfolgen Korrekturen. Aus diesen kann man erheblichen Profit ziehen. Erfahrene Börsianer wissen, dass Börsen stets zu Übertreibungen neigen. Oft folgt nach drei bis vier Börsentagen mit stark ansteigenden Kursen ein deutlicher Kurseinbruch. In solchen Situationen kauft man einen Index-Put-Schein exakt an dem Tag, an dem man Höchstkurse vermutet. Liegt man mit der Einschätzung richtig, verkauft man den Schein bereits wieder nach drei oder vier Tagen. Selbstverständlich gelingt das nicht immer präzise, doch verfügt man im Laufe der Zeit über sehr viel Erfahrung und lernt das Auf und Ab an der Börse immer besser zu interpretieren. Bei solchen Entscheidungen gehen rationale und emotionale Erfahrungswerte fließend ineinander über. Im Laufe der Zeit geht man so weit, dass man die Käufe und Verkäufe fast schon spielerisch-intuitiv durchführt.

Optionsscheine auf Währungen

Im Währungsbereich sind Optionsscheine auf den US-Dollar bei Spekulanten äußerst beliebt. Aber auch der japanische Yen, das britische Pfund und der französische Franc sind ein häufiges Anlageobjekt. Seit bekannt wurde, dass der in London agierende und international operierende Spekulant George Soros Milliarden mit seinen Währungsspekulationen gewonnen hat, interessieren sich zunehmend auch Kleinstanleger für dieses Metier. George Soros besitzt jedoch das, was den meisten fehlt, nämlich Liquidität in einem ungeheuren Maß.

Gewinnbringende Börsenstrategien

> **Praxis-Tipp:**
>
> Wer über keine hohe Liquidität verfügt, dem rate ich zu sehr kurzfristigen Geschäften mit Währungs-Optionsscheinen. Dabei muss es nicht immer der US-Dollar sein, an den man sich anbindet. Sehr gut geeignet ist auch der Kanadische Dollar, der sich genauso wie der US-Dollar oder der Australische Dollar in einem langfristigen Abwärtstrend befindet. Möglicherweise ist nun ein neuer kurzfristiger Aufwärtstrend in Sicht. Das hängt von den politischen und ökonomischen Entscheidungen vor allem in den USA ab.

Der kanadische Wirtschaftsraum ist eng mit dem US-amerikanischen verbunden. Aus diesem Grund ist ein bestimmter Gleichklang beider Währungen verständlich. Die Situation ist ähnlich derjenigen zwischen Deutschland und Österreich. Dennoch haben die Kanadier die Möglichkeit, sich etwa vom US-Dollar zu emanzipieren. Dafür spricht, dass das Quebec-Referendum abgewendet wurde und Kanada über riesige Rohstoffreserven verfügt. Wie auch immer, reizvoll ist die Spekulation mit dem Kanada-Dollar allemal. Echte Spekulanten können hier gelegentlich auch einmal zu kurzfristig laufenden Scheinen greifen. Diese haben in der Regel die höchste Hebelwirkung.

An solchen Spekulationen können sich jedoch nur Taktiker beteiligen, die über ein äußerst sensibles Zeitgefühl verfügen. Das Denken in Geld muss ergänzt werden um das Zeitwert-Denken.

Wesentlich mehr Aussagekraft als Faktoren wie „innerer Wert" oder „Hebelwirkung" hat der Zeitwert. Je kürzer der Zeitraum bis zum Verfallstag ist, desto dramatischer und hitziger wird die Spekulation.

Aggressive Erfolgsstrategie und -taktik

Zeitwert-Verlust: eine nicht zu unterschätzende Größe

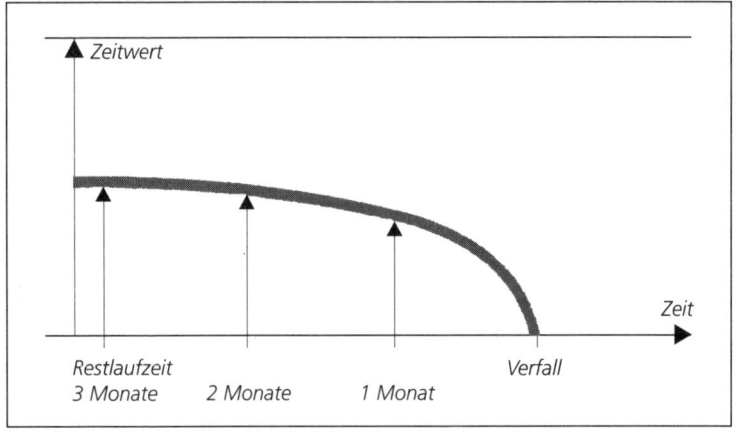

Optionsscheine auf Zinsen

Die Spekulation mit Zins-Optionsscheinen verläuft nach dem gleichen Grundmuster. Wer einen Zins-Call kauft, spekuliert auf fallende Zinsen. Das erscheint vielen Investoren als paradox, weil ja ein Call sich grundsätzlich am Ansteigen eines Kurses orientiert. Der Zins-Call bezieht sich jedoch in der Regel auf eine Anleihe, also auf ein Rentenpapier. Und dessen Kurswert steigt nur dann, wenn die Zinsen fallen. Umgekehrt verläuft die Spekulation eines Zins-Put-Optionsscheins. Damit setzt man auf steigende Zinsen, d. h. die Anleihe wird nach unten tendieren.

Um in diesem Metier erfolgreich zu sein, muss man die langfristigen Zinsen ebenso verfolgen wie die kurzfristigen. In Zeiten großer Zinswenden ist das große Geld zu machen. Immer dann, wenn ein lang anhaltender Trend ausläuft, ergeben sich enorme Chancen. Besonders genau zu studieren ist der Chart der Umlauf-Rendite, die sich an den durchschnittlichen Marktzinsen orientiert. Wichtig ist jedoch auch die Rendite der zehnjährigen Anleihe.

Gewinnbringende Börsenstrategien

Wichtig: Je nachdem, in welchem Land man sich aufhält, muss man die Zinspolitik der dortigen Nationalbank unter die Lupe nehmen. Nicht umsonst schaut die ganze Finanzszene jedes Mal wie gebannt schon im Vorfeld auf den möglichen Ausgang einer Sitzung der Deutschen Bundesbank. Wird man die Zinsen um 0,5 Prozent herabsetzen, wird man sie unverändert lassen, oder besteht sogar die Möglichkeit einer Zinsanhebung? Hin und wieder schlagen die Ergebnisse dann wie eine Bombe an den Finanzmärkten ein. Über Nacht werden Vermögen verloren und gewonnen. Spekulanten, die mit Zins-Optionsscheinen arbeiten, müssen sehr mutig sein. Setzt man auf den allgemeinen Trend, verdient man in der Regel nicht viel. Nur wer gegen die Masse spekuliert, kann an der Zinsfront sehr viel gewinnen.

Das Problematische dabei ist, dass die Zeit öfters gegen Sie arbeitet. Hier nützt nicht nur der Hinweis auf Durchhaltevermögen – das wäre sogar verhängnisvoll –, sondern hier kommt es auf Timing an.

> **Praxis-Tipp:**
>
> Wer sich das exakte Timing-Gefühl nicht selbst attestieren kann, sollte stets Optionsscheine mit möglichst langer Laufzeit wählen. Liegt er nun die ersten drei Monate falsch, bleibt ihm noch genügend Zeit, die Vollendung der Trendwende abzuwarten.

Dennoch handelt es sich bei den Zins-Optionsscheinen weniger um langfristige Strategien als um kurzfristige taktische Operationen. Als günstig erweist sich in der Praxis auch folgendes Basiskonzept: Man stellt Geldreserven für zehn Geschäfte zur Verfügung. Davon gehen sechs daneben. Mit den restlichen vier verdient man so viel, dass nicht nur die Verluste ausgeglichen sind, sondern ein erheblicher Gewinn übrig bleibt.

Aggressive Erfolgsstrategie und -taktik

Wichtig: Zu den wichtigsten Kriterien der Zinsspekulation gehört neben der Geldmenge die Inflationsrate. Ein niedriger Preisanstieg begünstigt niedrige Zinsen. Aber gerade in Phasen einer sehr niedrigen Inflationsrate muss man auf der Hut sein und sämtliche kleinen Preisausschläge scharf beobachten. Dazu gehören vor allen Dingen jene auf dem Rohstoff-Sektor. Rohstoffe wie Öl und Metalle reagieren äußerst sensibel und sind stets ein Signal für eine ansteigende oder absteigende Gesamtkonjunktur. Also bilden auch Indizes der Rohstoffe eine gute Grundlage für die Zinsspekulation.

Optionen

Wer Optionen an der Terminbörse kauft, tut dies aus zweierlei Motiven:

- als konservativer Stratege zur Kursabsicherung oder zur zusätzlichen Prämieneinnahme
- als spekulativer Taktiker zur Erzielung von Höchstgewinnen

Verfügt man über ein Aktiendepot im Wert von 100 000 Euro, so ist es nur klug, sich Gedanken um die Absicherung dieses Depots zu machen. Ist man z. B. weiterhin auf Hausse eingestellt, hat aber doch einige Zweifel, so sichert man das Depot gegen eventuell drohende Verluste ab. In diesem Fall erwirbt der Investor für ca. 3 000 Euro Verkaufs-Optionsscheine auf den Deutschen Aktien-Index. Die Versicherungsprämie für sein Wertpapierdepot kostet ihn also ca. 3 Prozent. Das sollte sich lohnen, da man nun besser schlafen kann. Kommt tatsächlich ein drastischer Kurseinbruch, so verliert zwar das Depot an Wert, aber die Index-Put-Scheine steigen entsprechend stark an. Dadurch werden die Verluste kompensiert.

Aggressive Erfolgsstrategen interessieren sich natürlich nicht so sehr für das Kursabsicherungsgeschäft. Sie wollen ausschließlich direkt am Optionshandel teilnehmen. An der Terminbörse hat man die Wahl zwischen Optionen von drei, sechs oder neun Monaten Lauf-

Gewinnbringende Börsenstrategien

zeit. Je kürzer die Laufzeit, desto spekulativer ist das Geschäft. Die Optionen können zu jedem Zeitpunkt börsentäglich gekauft und verkauft werden. Probleme eines mangelnden Umsatzes gibt es an der Terminbörse nicht. Dennoch sollten Sie sich über die aktuellen Umsätze Ihrer ins Auge gefassten Option ein Bild machen.

An der Terminbörse handelt es sich um Aktien-Optionen, die jeweils mit einem Basiswert versehen werden. Der Basiswert richtet sich nach dem aktuellen Aktienkurs. Es gibt Taktiker, die legen Wert auf einen möglichst niedrigen Optionspreis. Sie sind bereit, auch einen relativ hohen Basiswert zu akzeptieren. Andere wiederum sind an einem Basiswert interessiert, der dem aktuellen Aktienwert so nahe wie möglich kommt. Welche Ausgangssituation man immer auch bevorzugt, die Aufgabe des Käufers einer Option ist eindeutig definiert: Er muss die künftige Kursentwicklung des Basiswertes richtig prognostizieren. Sein Glück dabei ist, dass er das nicht exakt tun muss, sondern es genügt bereits die richtige Richtung. Diese sollte allerdings in der Praxis mit möglichst starker Tendenz auftreten. Bewegen sich die Kurse nur schwach innerhalb der vorhergesagten Richtung, so werden die Gewinne nicht sehr hoch ausfallen.

Der Käufer eines Calls erwartet für die Laufzeit seiner Option steigende Kurse des Basiswertes. Er kann mehrere hundert Prozent gewinnen, wenn die zu Grunde liegende Aktie während der Laufzeit der Option steigt. Im schlimmsten Fall, und darauf sollte sich der Käufer vorbereiten, verliert er die einbezahlte Optionsprämie zuzüglich Spesen. Sein Verlustrisiko liegt also bei exakt 100 Prozent. Den Börsenkenner erkennt man daran, dass er sich auf mögliche Verluste vorbereitet. Liegt er mit seiner Einschätzung falsch, verkauft er den Call unter Umständen mit 10 Prozent Verlust und rettet dadurch 90 Prozent seines Einsatzes. Bei Änderung seiner Einschätzung wird er auch einen sehr kleinen Gewinn mitnehmen oder die Position bei null Gewinn/Verlust glattstellen.

Aggressive Erfolgsstrategie und -taktik

> **Praxis-Tipp:**
> Im Zweifel erweist sich diese Tabula-rasa-Strategie als eine sehr kluge Entscheidung, denn man hat nun den Kopf frei für neue Transaktionen. Diese klare Ausgangslage muss hin und wieder hergestellt werden. Das Derivate-Geschäft ist dermaßen aufreibend, dass man sich nicht verzetteln sollte. Am besten führt man jeweils nur ein Geschäft durch, auf das man sich voll konzentriert.

An den Optionsbörsen kommen vor allem jene Taktiker zu Gewinnen, die auf kurze Frist richtige Vorhersagen machen können. Klassische Langfrist-Strategen sollten sich deshalb lieber fern halten bzw. die Optionen nur zur Kursabsicherung einsetzen. Kurzfrist-Taktiker wiederum können sich auch auf Optionen einlassen, die nur noch drei, zwei oder einen Monat laufen. Dabei sind auch ein, zwei Tagesgeschäfte denkbar. Man kauft z. B. einen VW-Call, der nur noch einen Monat läuft, für 4 Euro. Bei einem steigenden Kurs verkauft man die Option am nächsten Tag für 5 Euro, was einen Gewinn von 25 Prozent ergibt. Weshalb gehen solche Geschäfte in der Praxis dennoch so selten auf? Die Antwort liegt auf der Hand: Weil die meisten zu gierig sind und an noch viel höhere Optionspreise glauben. Sie wären besser beraten, wenn sie statt auf ihr Gefühl eher auf die ablaufende Zeit achten würden. Optionen, egal ob Call oder Put, kauft man nach dem Motto „schnell rein und schnell raus"! Alles andere ist Börsenromantik.

Futures

Genau nach dem gleichen Grundmuster geht man mit Futures um. Dabei handelt es sich um nichts anderes als um Terminkontrakte. Im Gegensatz zu Optionen gehen beide Vertragspartner die Verpflichtung ein, den jeweiligen Basiswert zu liefern bzw. abzunehmen. Wer mit echten Commodity-Futures handeln will, sollte dies an der größten Warenterminbörse der Welt in Chicago tun. Dort kann er

Gewinnbringende Börsenstrategien

nach Belieben mit Schweinebäuchen, Rinderhälften, Soja, Orangensaft oder Gold handeln. Will man keine Warentermingeschäfte, sondern Finanztermingeschäfte machen, so kann man in Europa, auch in Deutschland bleiben.

Zwei der interessantesten Varianten werden an der Terminbörse gehandelt. Dies sind der DAX-Future und der BUND-Future. Beide Financial-Futures spielen in der täglichen Information der Wirtschafts- und Finanzmedien eine große Rolle.

Der DAX-Future kann börsentäglich während der gesamten Handelszeit gekauft und verkauft werden. Der Future-Kontrakt, der als Basis den Deutschen Aktien-Index hat, kostet pro Punkt 100 Euro.

> **Beispiel:**
>
> Stand des DAX   =   6 100 Punkte
>
> 6100 x 100   = 610 000 Euro
>
> Nun muss der Investor keine 610 000 Euro auf den Tisch legen, sondern lediglich ein so genanntes Margin. Dieses beträgt 15 Prozent vom Gesamtwert des Kontrakts.
>
> Margin   =   91 500 Euro

Ein Future-Kontrakt an der Terminbörse läuft längstens neun Monate. Die Liefermonate sind März, Juni, September und Dezember. Jede Kursveränderung von 0,5 entspricht 1 Tick. 1 Tick = 50 Euro.

Achtung: Der Future-Kontrakt ist börsentäglich, ja bisweilen stündlich zu beobachten. Das Grundprinzip ist dem der Option vergleichbar, mit dem Unterschied, dass beim DAX-Future ein so genanntes Margin-Konto geführt wird. Dieses wird täglich abgerechnet. Ist man also beim DAX-Stand von 6 100 Punkten eingestiegen und der DAX sinkt an einem Tag um 40 Punkte, entsteht ein Verlust von 4 000 Euro. Dieser Verlust wird beim Margin-Konto in Höhe von 34 500 Euro

Aggressive Erfolgsstrategie und -taktik

abgebucht. Man kann sich vorstellen, was im Falle eines Börsencrashs passiert. Bei 100 Punkten Tagesverlust des DAX hat man auf jeden Fall 10 000 Euro weniger auf dem Konto. Wenn im Ernstfall die Margingrenze erreicht oder unterschritten wird, muss die gesamte Position liquidiert werden. In der Praxis entspricht das einem Totalverlust.

Er kann vermieden werden, wenn der Anleger seinem Margin-Konto Geld nachschießt. Jedoch wird er das nur tun, wenn er eine neue Chance sieht.

> **Praxis-Tipp:**
>
> Unterschreiben Sie nur solche Terminkontrakte, bei denen keine Nachschusspflicht besteht. Investoren, die Termingeschäfte an ausländischen Börsen durchführen wollen, sollten diesen Passus vorher gründlich prüfen.

Natürlich ist der Investor an Gewinnen und nicht an Verlusten interessiert, doch muss man stets auf das Schlimmste gefasst sein. Jeder Punkt, den der DAX nach oben klettert, bringt wiederum 100 Euro in die Kasse.

Das sollte nicht vergessen werden und ist ja der Hauptgrund, dass man sich überhaupt auf den DAX-Future einlässt. Future-Spekulanten müssen genügend Zeit und Energie übrig haben, ansonsten sollte man von dem Geschäft Abstand nehmen. Tägliche Gewinn- und Verlustkontrolle sind eine Selbstverständlichkeit. Den Kursverlauf des DAX muss man Tag und Nacht präsent haben.

Achtung: So hochspekulativ die gesamte Angelegenheit auch ist, genauso seriös ist sie auch. Im Übrigen auch sehr spesengünstig. Deshalb bietet sie sich auch auf der konservativen Seite zur Absicherung großer Aktiendepots an. Bevor man sich aber darauf einlässt, sollte man erst prüfen, um wie viele Punkte der DAX vermut-

Gewinnbringende Börsenstrategien

lich nach unten absinken wird. Erwartet man nur geringe Verluste, lohnt das Geschäft kaum. Erscheinen jedoch hohe Verluste des Index denkbar, so kann man sein Depot mit dem Verkauf von DAX-Futures-Kontrakten absichern.

Konkretes Beispiel für eine aggressive Termin-Strategie

Zu den aggressivsten aller Spekulationen zählt der Leerverkauf von Aktien. Hierfür gibt es an der Terminbörse eine Möglichkeit, die im folgenden praxisnah aufgezeigt wird:

Verkauf einer ungedeckten Kaufoption (short call)

Ein aggressiv operierender Anleger spekuliert nach einem starken Kursanstieg darauf, dass eine Aktie kein weiteres Potenzial mehr hat. Fundamentale, technische und psychologische Motive dienen ihm hierzu als Begründung.

Ein Leerverkauf an der Terminbörse (EUREX) stellt sich dabei wie folgt dar: Man verkauft die X-Aktie bei einem Börsenkurs von 380 Euro leer. Der angenommene Basispreis, zu dem der Leerverkauf stattfinden soll, liegt im Beispiel bei 420 Euro. Der Leerverkäufer erhält dafür eine Stillhalter-Prämie, die hier 5 Euro beträgt. Gleichzeitig geht er die Verpflichtung ein, die Papiere zum Basispreis zu verkaufen bzw. zu liefern. In der Praxis tritt die Verpflichtung mit dem Überschreiten des Basispreises ein, denn ab diesem Zeitpunkt kann der Käufer der Option die Lieferung der Aktien zum Basispreis verlangen. Erfahrungsgemäß erfolgt der Abruf erst wenige Tage vor dem Verfalltermin.

Mit dem Überschreiten des Basispreises von 420 Euro gerät der Verkäufer der Option rechnerisch in den Verlust. Der Kurs steigt auf 440 Euro, und da er nicht rasch genug reagiert hat, wird sein Verlust ständig höher. Da er die Aktie nicht tatsächlich besitzt und deshalb nicht wirklich liefern kann, hat er zwei Möglichkeiten:

Aggressive Erfolgsstrategie und -taktik

- Sich mit der Aktie eindecken, um weitere Verluste zu begrenzen.

  Folge: Die Aktie wird am Markt mit 440 Euro gekauft und über die Option zu 420 Euro verkauft. Verlust = 20 Euro minus 5 Euro Prämie aus der Option, was einen Netto-Verlust in Höhe von 15 Euro pro Aktie ergibt.

- Rückkauf der zwischenzeitlich teurer gewordenen verkauften Option (Closing der Option).

  Folge: Der Verlust pro Aktie wird vermutlich mindestens so hoch sein wie im obigen Beispiel. Denn der Wert der Option könnte u. U. auch über 20 Euro liegen, sofern noch Aufgeld für die Restlaufzeit zu bezahlen ist. Allerdings erspart man sich die Kosten für den Kauf und Verkauf der Aktie.

Angenommener Kursverlauf der X-Aktie mit verkaufter ungedeckter Kaufoption beim Basispreis 420 Euro

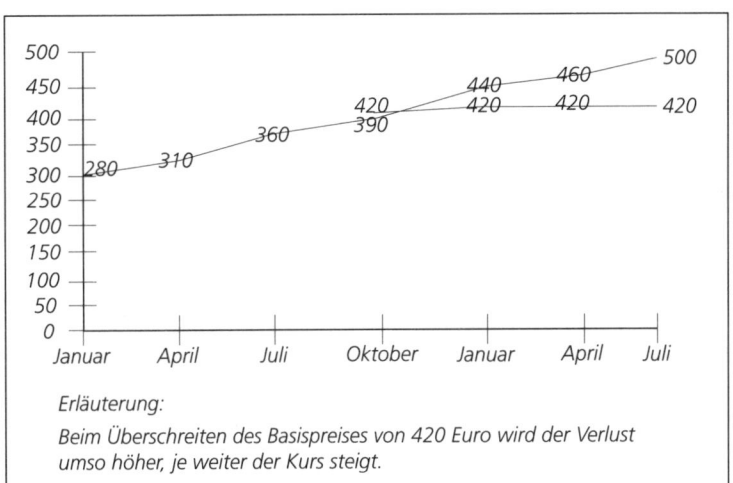

Erläuterung:
Beim Überschreiten des Basispreises von 420 Euro wird der Verlust umso höher, je weiter der Kurs steigt.

Gewinnbringende Börsenstrategien

Der Leerverkäufer verdient nur dann sehr viel Geld, wenn die Aktien im Kurs möglichst stark sinken. Doch auch das negative Beispiel muss einmal dargestellt werden. Riesengewinne erhält nur, wer sich in sein Gegenüber am Markt hineinversetzen kann – und mit dem Schlimmsten rechnet.

Dynamit-Strategie

Es ist kaum zu glauben, dass man die aggressive Strategie noch einmal überbieten kann. Und doch ist es so. Ganz einfach: Sie nehmen für Ihre Börsentransaktionen Kredite auf und spekulieren mit dem Geld anderer Leute. Schließlich sparen diese dafür, dass Sie sich das Geld bei der Bank ausleihen.

Achtung: Mit der Kreditspekulation erreichen Sie eine enorme Hebelwirkung. Generell empfehlen kann man diese Strategie natürlich nicht. Im Gegenteil, man kann sie eigentlich überhaupt nicht empfehlen. Jedenfalls ist eine solche Methode aus konservativer Sicht tabu. Doch wie immer im Leben gibt es Ausnahmen. Das sind die Kenner der Börsenwelt, die inzwischen zu Könnern geworden sind. Nur ihnen, die sämtliche Gefahren kennen und die mit allen Wassern gewaschen sind, ist dieser Weg vorbehalten. Sie machen daraus ihren Königsweg. Für die Masse der Anleger hingegen ist es ein Holzweg. Ja, mehr als das, ihr Untergang: Pseudo-Spekulanten und Börsensäuglinge, die sich unbedarft darauf eingelassen haben, mussten Erfahrungen mit Zwangsliquidationen machen. Zum Glück betreffen diese nicht die Personen, sondern das Depot.

Nach der Warnung, die sein musste, nun zum Geschäft – nur für echte Spekulanten. Lässt man alle hier besprochenen Strategien Revue passieren, so ist die Kreditspekulation zunächst einmal grundsätzlich für sämtliche Varianten denkbar. Bei professioneller Handhabung jedenfalls problemlos möglich bei der

- Strategie für Sparer und der
- defensiven Strategie für konservative Investoren.

Dynamit-Strategie

Bei der Strategie für Sparer

Beim Einsatz der zyklisch-dynamischen und erst recht im Falle der aggressiven Strategie kommen Bedenken auf, die erörtert werden müssen. Doch zunächst zur Strategie für Sparer.

Es ist durchaus eine Situation denkbar, in der ein Sparer auf einem Paket erstklassiger deutscher und internationaler Anleihen sitzt, die sich allesamt im Verlust befinden. Die Zinsen werden natürlich weiterhin pünktlich an den Sparer ausbezahlt, doch der Kursverlust der Renten schmerzt tief. Es gibt nun einen Lichtblick, da Zinssenkungen eintreten könnten, die den Rentenmarkt wieder nach oben bringen. Eigentlich wäre eine günstige Zeit, neue Rentenpapiere hinzuzukaufen, doch es ist kein Geld mehr in der Kasse.

In dieser Situation hilft ein Kredit. Das Problem dabei: Die Kreditkosten müssen so niedrig wie möglich sein. Und die zu erwartende Zinssenkung sollte so drastisch wie möglich ausfallen – am besten einen neuen Abwärtstrend an der Zinsfront einleiten. Das beste Beispiel hierfür bietet die Konstellation auf dem deutschen Rentenmarkt 1994 und 1995. 1994 war ein sehr schlechtes Rentenjahr, in dem viele Sparer und Anleger auf Verlusten saßen. Wer jedoch die Zinswende geahnt hat und ordentlich Briketts (sprich Kredite) nachlegte, hat 1995 – in einem sehr guten Rentenjahr – viel Geld verdient. Auch diese Gewinne sind übrigens nach einem halben Jahr steuerfrei. Schade nur, dass man in dem Fall die Kreditzinsen nicht von der Steuer absetzen kann.

Besteht die Gefahr steigender Marktzinsen, so ist von Kreditgeschäften dringend abzuraten. Man würde doppelt draufzahlen. Zum einen wartet die Bank auf die Zins- und Kreditrückzahlung. Zum andern verliert man, weil die Kurse der Anleihen absinken. Also ist jedes Mal die Marktsituation genau zu prüfen. Sehr Mutige können dabei den Blick gelegentlich über die Grenze schweifen lassen. Denn solche Konstellationen, die gute Profite versprechen, gibt es nicht nur in Deutschland.

Gewinnbringende Börsenstrategien

Bei der defensiven Strategie

Defensiv operierende Strategen, die mit Aktien bester Qualität in eine Baisse hineingerutscht sind, werden sich an der mageren Dividende kaum erfreuen. Um sich nicht nur schadlos zu halten, sondern aus dem Minus ein deutliches Plus zu machen, muss man nachkaufen. Zumal sich eine Kurserholung andeutet. Aber es ist kein Geld mehr da. In diesem Fall gibt Ihnen die Bank gerne Geld. Da Sie nur erstklassige Titel in Ihrem Depot haben, dient dieses als Sicherheit. Mit etwas Timing-Geschick verhilft Ihnen der Kredit zu enormen Gewinnen. Wenn nicht sofort, dann später. Denn unverbrüchlich gilt der Grundsatz: Nach jeder Baisse kommt eine Hausse!

> **Praxis-Tipp:**
>
> Sowohl die Sparer-Strategie als auch die Defensiv-Strategie sind äußerst einfach umzusetzen. Die Kreditspekulation bringt hier zusätzlichen Pep. In großer Gefahr aber befindet man sich immer noch nicht. Das ändert sich erst, wenn man eine Risikostufe höher klettert. Wer Börsenmillionär mit zyklisch-dynamischer Strategie werden will, muss über ein intaktes und stabiles Nervensystem verfügen. Setzt er noch einen Kredit obendrauf, müssen es Nerven aus Stahl sein.

Achtung: Zyklische Aktien von Unternehmen, die sich in einer tiefen Krise befinden, sind nur in Ausnahmefällen kreditwürdig. Hier darf nichts generalisiert werden, sondern jede Einzelposition ist zu prüfen. Rät im Zweifelsfall die Bank vom Kredit ab, sollte man diese Entscheidung akzeptieren, für die kritische Prüfung eher noch dankbar sein. Schließlich wollen Sie mithilfe des Kredits Geld verdienen und nicht gutes Geld dem schlechten Geld nachschießen.

Dynamit-Strategie

Spekulationen auf Kredit

Die entscheidenden Fragen vor der Kreditaufnahme lauten:

- Wie gut ist das Unternehmen?
- Wie überzeugend sind Produkt und Management?
- Wird man sich weiterhin auf dem Markt durchsetzen?
- Wie stehen die Hausbanken zum Unternehmen?
- Wird der Turnaround gelingen?

Nur im Falle positiver Antworten sollte man die Spekulation auf Kredit wagen. Schätzt man die Stärke des Unternehmens sehr kritisch ein, verzichtet man darauf. Handelt es sich bei dem in der Krise befindlichen Unternehmen um einen Konzern wie z. B. Daimler oder Volkswagen, fällt die Entscheidung natürlich leichter als bei einer kleinen Aktiengesellschaft. Die Stärke solcher Giganten spricht für ein Kreditengagement. Zudem werden sich deren Produkte immer wieder am Markt durchsetzen. Für Spekulanten, die gleichzeitig Timing-Künstler sind, stellen solche Aktien in der Krise eine ideale Herausforderung dar. Da ein Totalverlust ausscheidet und keine Auslauffrist wie bei Termingeschäften droht, lässt es sich mit diesen Papieren hervorragend arbeiten.

Beispiel:

In der letzten großen Krise sackte der Kurs der Z-Aktie bis auf 240. Nun kann es sein, dass eine Spekulation misslang, weil man zu früh den Turnaround setzte und bei Kursen von 300 voll investiert war. Die Talfahrt ging weiter. Der Kurs brach ein. Bei 270 jagte eine Verkaufsempfehlung die andere. Niemand wollte mehr einsteigen, doch der Investor „wusste", dass nun der Tiefpunkt nicht mehr fern sein konnte. Aber er hatte kein Geld mehr.

Beim Kurs von 250 hielt es der Spekulant nicht mehr aus. Er rannte zur Bank und bekam den Kredit. Jetzt wurde die gleiche Stückzahl noch einmal gekauft. Und tatsächlich, es klappte.

Gewinnbringende Börsenstrategien

Zwar sank der Kurs noch einmal etwas ab, doch anschließend ging es wie erwartet nach oben.

Voll konzentriert wurde börsentäglich der Kurs beobachtet. Der Aufwärtstrend war kaum zu stoppen. Der Spekulant hätte in jedem Fall ordentliches Geld verdient, doch die Hebelwirkung mit dem Kredit erwies sich geradezu als ein Geschenk des Himmels. Mit diesem Instrument wurde sogar der Effekt von Optionsscheinen ausgehebelt. In der Tat haben diese häufig ein sehr viel höheres Aufgeld, als der Kredit an Kosten verursacht.

Schaubild zum Kreditkauf

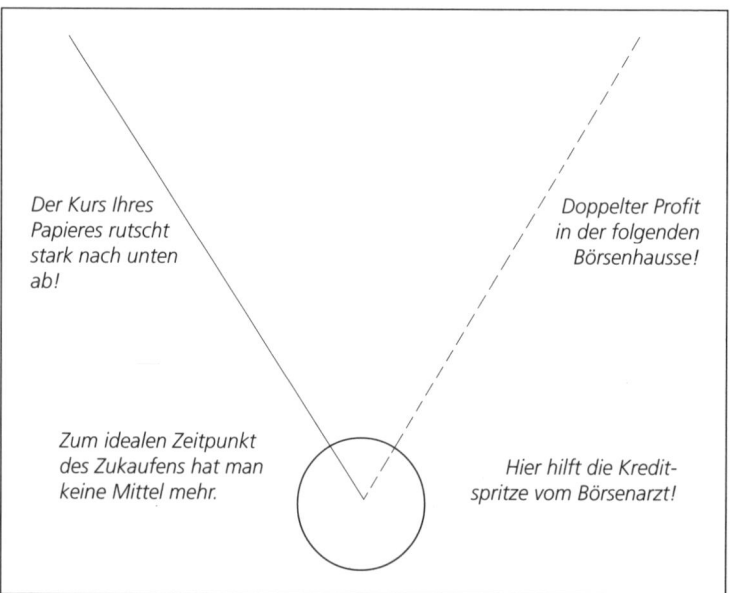

Dynamit-Strategie

Praxis-Tipp:

Bevor Sie obiges Schaubild in die Realität umsetzen, lassen Sie sich ausführlich von Ihrer Hausbank über den Kredit aufklären. Auf diesem sensiblen Feld bedarf es einer erstklassigen und vertrauensvollen Kooperation. Kredite aufs Geratewohl sind genauso sinnlos wie entsprechende Wertpapierkäufe. Handelt es sich jedoch um ein geplantes und solides Geschäft, kann man zusätzliche Risiken eingehen.

Kostet Sie der Kredit z. B. 10 Prozent p. a., so betrachten Sie diesen Einsatz als Aufgeld. Manch einer akzeptiert bei Optionsscheinen einen wesentlich höheren Prozentsatz bei unvergleichbar höherem Risiko. Mit diesen Kosten wird Ihr Börsen-Kreditgeschäft kalkulierbar. Professionell arbeitende Gewinn-Strategen gehen kurzfristig und mittelfristig häufig nach diesem Modell vor.

Bereits bei der zyklisch-dynamischen Strategie kostet der Einsatz von Krediten viel Nerven. Das Abwägen und Prüfen ist sehr energie- und zeitraubend. Wie wird sich, unter diesem Vorzeichen, die Kreditspekulation dann bei der aggressiven Strategie auswirken? Die Frage ist, ob man hier nicht von vornherein abraten sollte.

Wichtig: Auch wenn das große Geld noch so sehr lockt, ist es tatsächlich am besten, wenn man bei solchen Geschäften auf den Einsatz von Krediten verzichtet. Geht man mit Optionen und Futures auf die spekulative Seite, so hat man bereits eine so hochexplosive Mischung in seinem Depot, dass eine weitere Ladung Dynamit überflüssig wird. Aggressives Spekulieren ist o. k., selbstzerstörerisches Spekulieren ist unprofessionell.

Achtung: Nimmt man Kredite in Anspruch, so sollte dahinter immer ein positiver Wert stehen. Aus diesem Grund sind Kredite auf eine Immobilie oder auch auf ein Wertpapierdepot, das mit soliden Aktien bestückt ist, eine gute Sache. Wendet man diese kaufmännische Regel bei Derivaten an, so kommt man zu einem anderen Ergebnis. Also ist es am besten, wenn Sie mit der Kreditspekulation in der Skala bis zur zyklisch-dynamischen Strategie hochfahren.

Schneller Profit mit Neuemissionen

Offenbar wird die Börse für viele Unternehmen zunehmend attraktiver. Das gilt für größere, aber auch für solche von klassisch-mittelständischem Format. Zahlreiche Neuemissionen während der letzten Jahre belegen diesen Trend. Er wird weiter anhalten, sich möglicherweise sogar verstärken. Warum?

Erfolgreiche Unternehmen zeichnen sich durch Wachstum aus. Dieses erfordert wiederum stetige Neuinvestitionen. Nun dreht sich die Spirale so lange, bis sie an einen Punkt gelangt, an dem das herkömmliche System versagt. Denn immer neue Kredite aufzunehmen bedeutet immer mehr Fremdkapital für das Unternehmen. Echten Unternehmern gefällt diese Richtung nicht. Sie legen Wert auf möglichst viel Eigenkapital, wollen aber gleichzeitig ihre Macht im Unternehmen nicht schmälern. Wie bringt man das auf einen gemeinsamen Nenner?

Ganz einfach, man sucht Menschen, die sich an dem Unternehmen beteiligen wollen. Dazu wählt man die Form einer Aktiengesellschaft – falls diese nicht sowieso schon vorliegt – und beauftragt eine Bank, bei der Durchführung der gesamten Aufgabe behilflich zu sein. Bearbeitet werden folgende Komplexe:

- Wie hoch ist der Kapitalbedarf?
- Zu welchem Nennwert werden die Aktien ausgegeben?
- Wie viele Stücke werden auf den Markt gebracht?
- Festlegen des Emissionskurses

Schneller Profit mit Neuemissionen

- Prognose des künftigen Unternehmensgewinns
- Werden Stammaktien oder Vorzugsaktien ausgegeben?
- Wie erfolgt bei starker Nachfrage die Zuteilung?

Das sind nur einige der wichtigsten Problemfelder, die bearbeitet werden müssen. Für diese Tätigkeit erhält die konsortialführende Bank ein Honorar. Die Aufgabe ist nicht leicht, denn auf der einen Seite will das Unternehmen so viel Geld wie möglich einnehmen, auf der anderen Seite wollen die zukünftigen Aktionäre so wenig wie möglich für die auszugebenden Aktien bezahlen. Hierüber entscheiden der Gewinn sowie die Einstellung von Bank und Unternehmen. Dabei fällt auf, dass Neuemissionen häufig ein relativ hohes Kurs-Gewinn-Verhältnis zu Grunde liegt. Solche Papiere bringt man jedoch nur dann unters Anlegervolk, wenn wegen des Bekanntheitsgrades der Unternehmensprodukte mit einer starken Nachfrage gerechnet werden kann.

Treiben Unternehmen und Bank den Erstausgabepreis der Aktie zu stark in die Höhe, rächt sich das entweder bereits in der ersten Etappe durch mangelnde Nachfrage oder in der zweiten Etappe durch schnell abbröckelnde Kurse. Der klassische Flop entsteht und sorgt für zusätzlichen Image-Schaden. Da dies in der Vergangenheit schon mehrfach vorkam, sind zumindest die konsortialführenden Banken inzwischen auf der Hut. Denn wer als Bank mehrere Flops etabliert, verliert Prestige bei den Anlegern. Und Banken leben von Anlegern.

Wichtig: Für den Börsen-Taktiker haben die Neuemissionen auch eine klare Botschaft: Man nehme den Emissionsgewinn schnell mit! Bei Papieren, die man nicht als Dauerrenner einstuft, sollte man dies bereits am Tag der Erstnotiz tun. Diese Diagnose ist nicht einfach, aber es gibt Vorwarnzeichen. In der Regel wird die Neuemission über die Medien bekannt gemacht. Informieren Sie sich bei mehreren Banken darüber, wie die Aktien vom Publikum angenommen werden. Bei sehr bekannten Markenunternehmen ist das natürlich überflüssig. Bei weniger bekannten Unternehmen aber ist diese

Gewinnbringende Börsenstrategien

Vorgehensweise anzuraten. Stellen Sie eine sehr stagnierende Nachfrage fest, ist keine Eile zum Kauf geboten. Ihnen bleibt dann noch ausreichend Zeit zur Prüfung der Aktie.

Meistens ist der Kauf aber in jedem Fall empfehlenswert, weil die Papiere in ihrer Anfangsphase häufig gepuscht werden. Man pflegt den Kurs, da man an einer guten Performance zu Beginn interessiert ist. Man sieht dies dem Kurs nicht sofort an, aber schleppende Umsätze, die man in jedem Fall nachfragen sollte, sind ein Indiz dafür.

Auch Qualitätsaktien können schnell unter Druck geraten, so dass eine schnelle Gewinnmitnahme in den meisten Fällen auch hier ratsam ist. Es genügte eine Unternehmensmeldung, die die hohen Gewinnerwartungen minimal dämpfte, und der Kurs fiel deutlich zurück. Auch dieses Beispiel zeigt, dass man in der Anfangsphase oder gleich bei der Erstnotierung verkaufen sollte. Wer sämtliche Neuemissionen mitmacht, wird nicht jedes Mal ein Supergeschäft dabei machen. Aber er wird in über 80 Prozent aller Transaktionen als Gewinner aus dem Markt gehen. Selektiert man dagegen und konzentriert sich nur auf bestimmte Werte, muss man schon eine nahezu geniale Spürnase besitzen, um die Top-Titel auszuwählen. Denn nur bei denen lohnt sich das Durchhalten.

Achtung: Viele Börsianer plagen jedoch ganz andere Sorgen im Zusammenhang mit Neuemissionen. Sie fragen sich, wie man überhaupt an die offerierten Neuemissionen kommt. „Immer wenn ich welche bei der Bank bestellt habe, bekam ich von dort eine Absage." Das kommt tatsächlich häufig vor. Deshalb sollte man jedes Mal schnellstmöglich bei Bekanntwerden des Vorhabens zugreifen. Informationen über das Zuteilungsverfahren schaden dabei nicht. Fragen Sie bei der Bank, nach welchem Modus die Aktien zugeteilt werden.

Schneller Profit mit Neuemissionen

*Kursverlauf einer Neuemission am ersten Handelstag
(Neuer Markt)*

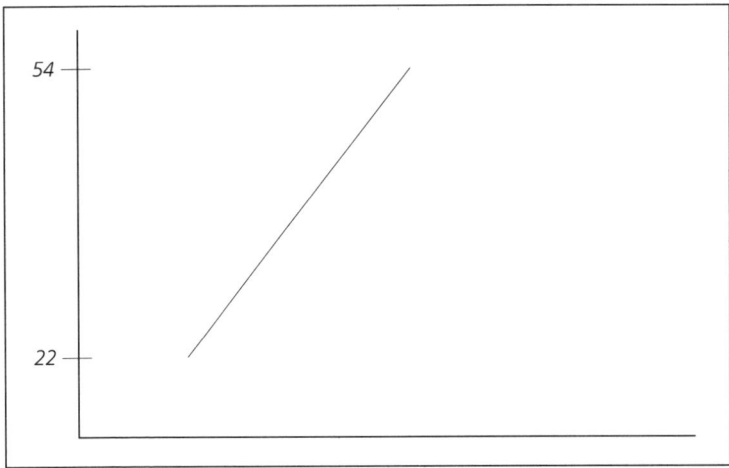

Bei obiger Neuemission ging die Taktik des schnellen Profis voll auf. Über 100 Prozent Gewinn für Börsianer, die am ersten Handelstag Kasse machten. Einziges Problem des Investors: Soll er verkaufen oder wegen der Steuerfrist sechs Monate warten?

> **Praxis-Tipp:**
>
> Mit Neuemissionen kann auch der wenig erfahrene Börsenneuling spekulieren lernen. In jedem Fall lernt er den raschen Verkauf und ist damit der Masse der Börsianer weit voraus, die an allen Aktien festhält. Eines können alle – auch die Profis – immer wieder neu lernen: Neuemissionen sind ein Riesengeschäft für das Unternehmen, das die Aktien auf den Markt bringt, und für die Bank, die das Management übernimmt. Für den Anleger sind sie nur ein Geschäft, wenn er clever ist. Und der kluge Investor weiß nach den ersten paar Transaktionen den Stellenwert von Neuemissionen einzuschätzen: Sie sind alles andere als eine Volksbeglückungsaktion.

Gewinnbringende Börsenstrategien

Kurz-, mittel- und langfristige Spekulation

Die meisten Anleger beschäftigen sich an der Börse immer nur mit Kursbeobachtung, Analysen und Geld. Letzteres ist natürlich unverzichtbar. Um es aber zu verdienen, muss man sich auch mit grundlegenden Phänomenen der Börse beschäftigen. Eines davon ist der Zeitfaktor.

Man unterscheidet an der Börse drei verschiedene Formen der Investition:

- kurzfristige Spekulation
- mittelfristige Spekulation
- langfristige Spekulation

Kurzfristige Spekulation

Kurzfristig ist dabei alles, was sich zwischen einem Tag und sechs Monaten bewegt. Diese Frist ist überschaubar und relativ gut kalkulierbar. Prognosen für diesen Zeitraum kann man einigermaßen fundiert abgeben. Alles, was darüber hinausgeht, ist bezüglich der Prognose wesentlich problematischer. Die Frage, ob jemand kurz-, mittel- oder langfristig anlegt, hängt weniger vom Geldeinsatz als vielmehr von der Persönlichkeit ab. Natürlich hat die Wahl auch etwas damit zu tun, ob man solide, dynamisch oder hochspekulativ sein Geld anlegen will. Die kurzfristige Spekulation ist geeignet für

- hochspekulative Aktien
- Optionsscheine
- Optionen
- Futures
- Kreditspekulation

Die börsentägliche Kontrolle von Gewinn- und Verlustpositionen ist selbstverständlich. Außer dem Nachteil, dass man mit diesen Transaktionen stets innerhalb der Steuerfrist liegt, sind die Vorteile zahl-

Kurz-, mittel- und langfristige Spekulation

reich. Wer auf kurze Frist anlegt, achtet oft viel mehr auf sein Geld als Investoren, die auf lange Fristen setzen. Diese lassen oft ihre Depots dahinschlummern, während Kurzfrist-Spekulanten jeden Tag hellwach sind. Entscheidend für diesen Börsentyp aber ist, dass er Gefahren schnell wittert und Fehler unverzüglich korrigiert, sonst wird aus so mancher kurzfristig geplanten Anlage ein sehr langfristiges Investment.

> **Praxis-Tipp:**
> Prüfen Sie gründlich, ob die Form der Kurzfrist-Spekulation genau zu Ihrer Persönlichkeit passt. Wenn ja, dann werden Sie damit sehr erfolgreich sein.

Operiert man hochspekulativ mit Krediten, so leuchtet es ein, dass man dies für eine möglichst kurze Frist tut. Aber nicht nur hochspekulative Transaktionen sind für diesen Zeitraum interessant. Auch die breiten Standards bieten entsprechende Chancen. Immer wenn scharfe Kurskorrekturen erfolgen, gibt es eine kurzfristige Gegenreaktion. Meistens ist das eine schnelle Chance auf 5 bis 10 Prozent Gewinn. Wer einsteigt, darf das Verkaufen nicht vergessen. Denn in der Kürze liegt die Würze.

Mittelfristige Spekulation

Mittelfristige Spekulationen kann man etwas gelassener angehen. Die mittlere Frist bezieht sich auf Geschäfte, die von sechs Monaten bis zu eineinhalb Jahren dauern. Dieser Zeitraum ist nicht mehr ganz so gut kalkulierbar wie die kurze Frist, bietet dem Anleger aber einen entscheidenden Vorteil: Seine Gewinne unterliegen nicht der Steuer. Wer in einem Hochsteuerland lebt, weiß das zu schätzen. Die mittelfristige Spekulation eignet sich für

Gewinnbringende Börsenstrategien

- zyklisch-dynamische Aktien
- Wachstumsaktien
- spekulative Anleihen

Echte Spekulanten werden natürlich ihre Kurse täglich verfolgen. Ganz so dringend wie bei Kurzfrist-Anlagen ist das jedoch in diesem Fall nicht. Vielmehr sind die Trends zu beachten, so dass man bei einer eventuellen Trendwende rasch korrigierend eingreifen kann. Das gilt besonders für zyklisch-dynamische Aktien, die stark konjunkturabhängig sind. Hier werden Fehler selten verziehen. Bei Wachstumswerten kann man dafür etwas geduldiger sein.

Da die Börsenwelt zunehmend hektischer wird, neigen inzwischen sehr viele Börsianer zur kurzen bis mittleren Frist. Wenn man zudem bedenkt, dass international agierende Manager großer Investmentfonds täglich an den Börsen präsent sind, verstärkt dies die Volatilität. Auf ihnen lastet ein ungeheuer großer Druck, Performance zu erzielen. Echte Gewinne können Sie für Ihre Fonds nur dann ausweisen, wenn Sie diese auch von Zeit zu Zeit mitnehmen.

> **Praxis-Tipp:**
>
> Mittelfristig denkende Anleger haben überdies den Vorteil, dass sie auf Aktien nie sitzen bleiben. Verlustpositionen werden nicht einfach ausgesessen, man hat bereits rechtzeitig reagiert.

Langfristige Spekulation

Langfristige Spekulationen betreffen alle Anlagen, die über eineinhalb Jahre hinausgehen. Der Langfrist-Investor unterscheidet sich von den beiden anderen Zeittypen dadurch, dass er die klassischen Wachstumswerte in sein Depot aufnimmt. Er ist alles andere als ein Börsenjobber. In kurzen Fristen denken zu müssen ist ihm fremd.

Kurz-, mittel- und langfristige Spekulation

Ständig ist er auf der Suche nach erstklassigen Unternehmensadressen. Wachstum ist gut, sagt er sich, Wachstum plus Dividende ist noch besser.

Wird dieser konservative Anleger einmal von einem Börsencrash getroffen, so bekommt auch er seine Blessuren. Er gerät jedoch nicht in Panik, sondern geht nun an seine strategischen Reserven heran. Diese sind inzwischen sowieso auf schwindelnde Höhen angewachsen und brauchen dringend eine Erleichterung. Aus der Börsengeschichte hat man schließlich gelernt, dass eine Crash-Investition besonders chancenreich ist. Ähnlich handelt man bei entsprechend scharfen normalen Kurseinbrüchen. Wenn alle anderen jammern und toben, lehnt sich der Langfrist-Stratege in seinem Sessel zurück. Er minimiert seine Sorgen und maximiert seine Gewinne.

Zu welchem Zeittyp ein Investor zählt, hängt von seinen individuellen Persönlichkeitsmerkmalen ab. Es hat jedoch auch mit dem jeweiligen Lebensalter zu tun. Wie kann man z. B. einem ungeduldigen 20jährigen Spekulanten klarmachen, dass es für ihn am besten sei, wenn er sich der langfristigen Strategie verschreiben würde? Er wird nur mit den Achseln zucken und erklären, dass das nichts für ihn sei. Älter werden heißt nicht automatisch klüger werden. An der Börse jedoch sind Erfahrungen ein unschätzbares Kapital. Wer mit sechzig Jahren immer noch wild an der Börse herumzockt und dabei nichts verdient, hat wenig begriffen.

> **Praxis-Tipp:**
>
> Jede erfolgreiche Persönlichkeit ist auch durch einen eigenen, unverwechselbaren Stil geprägt. Der Umgang mit der Zeit, auch wenn es die Börsenzeit ist, macht einen wesentlichen Teil dieses Stils aus.

Profi-Tipps für Riesengewinne 4

Mit 25 Regeln zum Millionär 110

Aus Fehlern lernen! 136

Riesengewinne an den
interessantesten Weltbörsen 144

Mit Börsen-Exoten
Gewinne erzielen 165

Profi-Tipps für Riesengewinne

Mit 25 Regeln zum Millionär!

Folgen Sie der goldenen Spur! Mit viel Börsenwissen und nach entsprechender Erfahrung ziehen Sie diese Spur natürlich selbst. Wenngleich sie auch dann noch nicht perfekt sein wird, aber goldgerändert in jedem Fall. Es lohnt immer, daran zu arbeiten.

Newcomer und Einsteiger tun sich in der Regel bereits schwer, ihre Grundlinie zu finden, auf der sie aufbauen können. Das aber ist der wichtigste Schritt, denn ansonsten spekuliert man gegen sich selbst. Wie eine Spinne ihr Netz fertig stellt, so arbeiten Sie an Ihrer persönlichen Börsenstrategie und -taktik. Leider aber sind Sie nicht mit einem solch perfekt funktionierenden Programm ausgestattet wie diese faszinierenden Tiere. Von Instinkt ganz zu schweigen; Sie verfügen bestenfalls über Intuition.

Wer intuitiv das Richtige tut, ist schon sehr weit fortgeschritten. Dessen strategisches Netz ist bereits äußerst fein gesponnen und reagiert auf alle Erschütterungen. Während viele Börsianer schon bei den kleinsten Zuckungen nervös werden und sich zu falschen Handlungen hinreißen lassen, macht die dicke Spinne überhaupt nichts. Sie weiß, wann es sich lohnt, aktiv zu werden: nur wenn der fette Brocken im Netz ist. Von Energieverlusten hält sie wenig. Das gilt auch an der Börse. Wer bei jedem Windhauch meint, dass er sofort zur Tat schreiten müsse, sollte schnell umdenken oder sich ruhigeren Sphären zuwenden. Es muss ja nicht unbedingt die Börse sein. Und wenn doch, dann sollte man sich für die Sparer-Strategie entscheiden und dabei bleiben. Schließlich gibt es Werte, die weit über Geld und Börse stehen.

Das Chance-Risiko-Verhältnis auszuloten und richtige Schlüsse daraus zu ziehen, bereitet viele Schwierigkeiten. Das kann auch nicht anders sein. Denn wäre es so einfach, gäbe es nur noch reiche Leute. Bei dieser Problematik haben Sie es mit zwei Ebenen zu tun:

- Ihre eigene Persönlichkeit signalisiert Ihnen, wie weit Sie zu gehen bereit sind. Die entscheidende Frage dabei lautet: Wie viel Risiko halten Sie aus?
- Wie präzise können Sie Chancen und Risiken erkennen und analysieren?

Die erste Ebene ist emotionaler, die zweite intellektueller Natur. Hierbei ist die Rangfolge nicht zufällig, sondern gesetzmäßig. Das Gefühl dominiert, die analytischen Fähigkeiten kommen erst an zweiter Stelle. Wer die Ansicht vertritt, dass er nur dann die höchsten Gewinne erzielt, wenn er unentwegt alles aufs Spiel setzt, muss schon ein Börsengenie sein. Im anderen Fall wird seine Börsenkarriere nicht lange dauern.

Sämtliche nachfolgende Regeln entstammen der Börsenpraxis. Sie sind das Ergebnis intensiven Nachdenkens über zum Teil schwer wiegende Fehler und führen häufig zur Nahtstelle Ökonomie – Psychologie – Philosophie. Man muss auf allen drei Feldern zu Hause sein, sonst gibt es entweder hohe Verluste, oder die Erfolge stellen sich nur in der Theorie ein. Der reine Ökonom verliert sich in Zahlen, Fakten und fundamentalen Sachverhalten. So gewinnt man keinen Überblick über das Ganze. Ergänzt durch psychologischen Spürsinn und philosophische Ganzheitsbetrachtung, hat man eine Sicht der Börsenwelt, wie sie nur wenigen zuteil wird. Diese selten anzutreffende Spezies prahlt nicht mit Börsengewinnen, sondern erzielt sie tatsächlich. Sie hält von Tipps ebenso wenig wie vom alltäglichen hektischen Faktengefasel. Echte fundierte Nachrichten hingegen sind interessant. Richtig interpretiert und mit guten Regeln kombiniert, bilden sie zusammen mit Ihrer Persönlichkeit die Grundlage des Börsenerfolgs.

Setzen Sie die Regeln für Riesengewinne an der Börse gut um! Es lohnt sich.

Profi-Tipps für Riesengewinne

1. Nicht gegen sich selbst spekulieren

Akzeptieren Sie Ihre Persönlichkeit. Sie tun das in anderen Dingen des Lebens auch. Weshalb soll diese Sicht in Geld- und Börsenangelegenheiten weniger erfolgreich sein? Es ist falsch, wenn jemand mit konservativ ausgerichteter Basispersönlichkeit hochspekulative Börsentransaktionen durchführen will. Besser ist, man steht zu seinen im Laufe des Lebens erworbenen Wesenszügen und wendet sich nicht gegen sie. Etliche Investoren und Spekulanten tun das dennoch. Sie zahlen drauf, weil sie gegen diese fast schon gesetzmäßige Regel verstoßen.

> **Praxis-Tipp:**
>
> Entfliehen Sie nicht Ihrer Geld-Persönlichkeit. Bilden Sie sie vielmehr aus und entscheiden Sie sich für strategische und taktische Modelle, die zu ihr passen.

2. Streben Sie nicht nach Perfektion

Dieser Ratschlag mag viele verwundern, denn ist es nicht erstrebenswert, perfekt zu sein? In philosophischem Sinne ist Perfektion so etwas Ähnliches wie der Stellenwert von Wahrheit innerhalb der Wissenschaften. Diese ist nie endgültig erreichbar, sondern dient höchstens als Korrektiv, als fiktives Ziel. Wenn also etwas sowieso nicht erreichbar ist, warum soll man es dann anstreben? Abgesehen davon, dass perfekte Menschen langweilig sind, gibt es keinen perfekten Börsenspekulanten. Er kauft seine Papiere nämlich stets zum Tiefstkurs ein und veräußert sie zum Höchstkurs. Alles andere wäre ja nicht perfekt.

Da dies auf Dauer unmöglich ist, lässt man sich auf solche Zielsetzungen gar nicht erst ein. Wer es dennoch tut, läuft Gefahr, neurotisch zu werden, und Börsenneurotiker gibt es bereits genug.

Mit 25 Regeln zum Millionär!

> **Praxis-Tipp:**
>
> Lernen Sie, die großen Fehler zu vermeiden und kleinere zu akzeptieren. Es ist bereits schwierig genug, dieses hohe Ziel zu erreichen. Wer sich ihm annähert, wird große Erfolge haben – an der Börse und als Mensch.

3. Vermögensplanung als Daueraufgabe

Vermögensplanung beschäftigt sich damit, wie viel Geld man in Zukunft für welche Zwecke zur Verfügung haben will. Das kann z. B. der Kauf einer Immobilie sein, aber auch das Schaffen der notwendigen Voraussetzungen für ein zusätzliches Einkommen. Da ökonomisch harte Zeiten bevorstehen, ist diese Aufgabe sinnvoller denn je.

Vermögensplanung heißt dabei auch laufende Überwachung der aktuellen Vermögensverteilung. Man darf seinen Einsatz nicht aus den Augen verlieren, oder wie Thomas Mann es so schön formuliert: „Es gibt keinen Besitz, der Nachlässigkeit vertrüge."

Eine Anweisung für die ideale Vermögensverteilung kann niemand geben. Dazu sind die Menschen in ihrer Persönlichkeit zu unterschiedlich strukturiert. Um jedoch eine kleine Hilfe zu geben, sollten Sie sich das Basis-Modell der Haus-Theorie zu Herzen nehmen:

Profi-Tipps für Riesengewinne

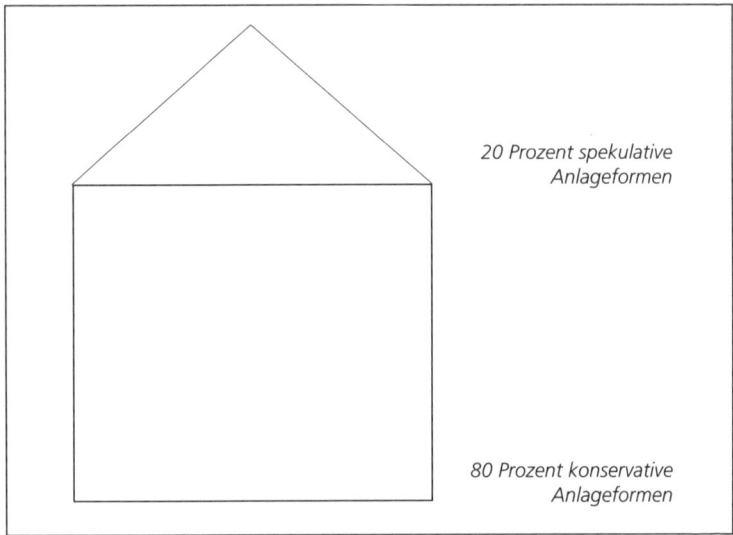

20 Prozent spekulative Anlageformen

80 Prozent konservative Anlageformen

Dieses Anlage-Haus sieht natürlich bei jedem Menschen etwas anders aus. Man kann durchaus auch 50 Prozent konservativ anlegen, 30 Prozent in zyklisch-dynamische Aktien und 20 Prozent in hochspekulative Papiere investieren. Entscheidend dafür ist Ihre persönliche Einstellung sowie die Fähigkeit, mit den einzelnen Anlageformen umzugehen.

Praxis-Tipp:

Stellen Sie sich ehrlich die Frage, wie viel Risiko Sie aushalten, und entscheiden Sie sich im Zweifel stets für die Sicherheit. Eine klare Grundlinie ist unverzichtbar.

4. Risiko-Kapital streuen, aber sich nicht verzetteln

Viele Aktienanleger neigen dazu, ihre erworbenen Papiere zu breit zu streuen. Sie haben dreißig, manchmal auch siebzig Titel im Depot und glauben, dass sie aufgrund dieser Methode ihr Risiko verringern. Das mag auf den ersten Blick einleuchten, in Wirklichkeit aber verringert man seine Chancen. Denn was wird passieren? Einige Aktien werden steigen, einige sinken. Zum Schluss ist man bei Null angelangt. Wer viele Papiere haben will, sollte besser gleich in einen Investmentfonds gehen.

Wesentlich aussichtsreicher ist es, sich auf wenige ausgewählte Aktien zu konzentrieren. Siebzig Titel kann man strategisch kaum mehr betreuen, bei fünf bis zehn schafft man das ausgezeichnet. Und man behält strategisch-taktische Reserven in der Hinterhand. Einen starken Kursrutsch kann nur derjenige positiv ausnutzen, der ihn mit ins Kalkül gezogen und sich darauf vorbereitet hat. Das Controlling von bis zu zehn Aktien macht ebenfalls keine Mühe. Man ist zum Verkauf einer starken Aktienposition eher bereit. Im Falle vieler verzettelter Einzelpositionen sagt man oft: „Ach, das lasse ich liegen, das lohnt sich doch nicht." Die Wirklichkeit sieht anders aus. Gewinnjäger an der Börse sind immer auch gute Verkäufer.

Praxis-Tipp:

Wenn Sie mit voller Konzentration an eine Aufgabe herangehen, dann gelingt sie auch. Machen Sie mal hier, mal da etwas, verzetteln Sie sich, und nichts klappt richtig. Wie im Leben, so an der Börse: Fehler werden nirgendwo verziehen.

5. Qualität kaufen

Mit echten Blue chips liegt man von vornherein in der goldenen Spur. Eine besondere Qualitätsprüfung ist nicht erforderlich. Anders sieht das bei zyklischen Nebenwerten und hochspekulativen Außenseitern aus. Doch gerade bei diesen Papieren locken die großen Gewinnchancen. Dennoch darf man nicht auf Qualität verzichten.

Profi-Tipps für Riesengewinne

Wie geht man vor? Sie achten auf tagesaktuelle Nachrichten und beobachten den Kursverlauf genau. Sind Sie weiterhin überzeugt, einem Renner auf der Spur zu sein, recherchieren Sie selbst bzw. über Ihre Hausbank und ermitteln die Eigentumsstruktur des Unternehmens. Sehr schnell stellen Sie dann fest, ob sich die Mehrheit der Anteile in starker oder in schwacher Hand befindet.

Verfallene Blue chips sind reizvoll und einfach zu überprüfen. Jahrzehntelang galt z. B. die Metallgesellschaft als glänzendes Unternehmen. Dann folgte der jähe Absturz. Wer mit dieser Aktie spekulieren will, hat rasch die Großaktionäre der AG herausgefunden.

Erstklassige Adressen halten über drei Viertel des Unternehmens. Sie wollen und werden bestimmt keinen Totalverlust herbeiführen. Also kann sich der spekulative Investor ebenfalls beteiligen. Er sitzt mit den besten Partnern im Boot. Die restlichen Prozente im Streubesitz sorgen für den notwendigen Pep der Aktie, so dass Langeweile gar nicht erst aufkommen kann.

Vorsichtig müssen Sie dann sein, wenn unsichere Kantonisten die Mehrheit haben und wenn der Streubesitz nur noch bei 5 Prozent oder gar darunter liegt.

> **Praxis-Tipp:**
>
> Je geringer das dem Markt zugänglich gemachte Material ist, desto stärker ist man willkürlichen Manipulationen ausgesetzt. Meistens ist es am besten, wenn man sich aus dieser Sache heraushält.

6. Auf den Zeitpunkt achten

Die beste Qualitätsaktie nützt wenig, wenn man sie zum falschen Zeitpunkt kauft. Das Kernproblem aller Spekulation ist, dass Ihnen

Mit 25 Regeln zum Millionär!

niemand den idealen Zeitpunkt zum Kauf präzise mitteilen kann. Auch Top-Berater versagen dabei.

Was kann dann ein kleiner Anleger schon tun? Sehr viel! Er muss zuerst die großen Fehler vermeiden und zu Beginn seiner Börsenkarriere zufrieden sein, wenn er grob in Reichweite des Idealpunkts kauft. Wird dieses Ziel erreicht, kann man sich um eine weitere Verfeinerung bemühen, sollte es aber nicht übertreiben oder gar perfektionieren wollen.

Statt dessen ist es vernünftiger, die Energien auf den Verkauf zu lenken. Hier liegt das größere Problem. Selbst erfahrene Börsianer verzweifeln dabei gelegentlich. Das liegt daran, dass es offenbar mehr Signale für den richtigen Kauf als für den Verkauf gibt.

- Langfristige Strategen halten im Zweifelsfall an ihrer Aktie fest.

- Kurzfrist-Taktiker leben von der raschen Gewinnmitnahme und dürfen deshalb nicht zu selbstkritisch mit sich umgehen.

- Aber Mittelfrist-Strategen, die den Turnaround eines Unternehmens voll auskosten wollen, sind um ihre Aufgabe nicht zu beneiden. Aufgrund der Ungewißheit über die Unternehmenszukunft sollten sie den Bogen nicht überspannen und, falls das Misstrauen überwiegt, ihre Papiere auf den Markt werfen. Verfügt man jedoch über genügend Informationen und hat einen großen Glauben an die Aktie, kann man den Baisse-Hausse-Zyklus voll auskosten. Nach spätestens zwei Jahren ist er in der Regel vorbei. Danach verkauft man an die Übermütigen.

Trotz bester Information aus fundamentaler, charttechnischer oder anderer theoretischer Sicht schwankt man zwischen Sicherheit und Skepsis. Es gab Fälle, wo hochaktuell überinformierte Börsianer schlicht handlungsunfähig wurden. Das kommt vor, wenn Pro- und Contra-Argumente jeweils gleich stark aufgeladen sind. Entweder lässt man dann vom Geschäft ab oder holt Rat von außen.

> **Praxis-Tipp:**
>
> Prüfen Sie selbst einmal nach, wer oder was Sie beim Kauf bzw. Verkauf am stärksten beeinflusst. Halten Sie das fest, und kontrollieren Sie die Resultate. Wenn Sie dies diszipliniert durchhalten, machen Sie in Zukunft bei jeder Transaktion einen Fehler weniger.

7. Stets Reserven halten

In der Hausse voll investiert zu sein ist eine wunderbare Sache. Doch wehe, wenn ein Rückschlag kommt, auf den man nicht vorbereitet war. Dann ist das Jammern groß. Man sieht so viele günstige Gelegenheiten, kann sie aber nicht wahrnehmen, weil man kein Geld mehr in der Kriegskasse hat.

Die Börse bedeutet Kampf, und um ihn zu gewinnen, braucht man Strategie und Taktik. Die möglichst große Liquiditätsreserve ist in diesem Kampf der größte Plus-Faktor, das wichtigste aller strategischen Instrumente. Halten Sie deshalb immer Cash bereit. Damit sind Sie stets vorbereitet, können angreifen oder sich zur Wehr setzen. Ihr Kapital gleicht einem unsichtbaren Messer.

Die Börse ist stärker als die Größten der Welt. Sie können noch so groß sein, sobald sie an starren Konzepten festhalten, werden sie hinweggefegt. Dabei gehen renommierte Banken genauso unter wie milliardenschwere Privatiers. Beweise hierfür gibt es genug. Stellvertretend für viele seien die Barings Bank und die Gebrüder Hunt genannt. Statt starrer Spekulationstheorien hätten sie ein dynamisches Anlagekonzept gebraucht, dessen Kernstück eine strategische Reserve bildet. Die durchgeführten Geschäfte waren zwar hochspekulativ, aber seriös. Man hätte sie beherrschen können. Entweder wäre man mit einem ordentlichen Gewinn oder mit 10 bzw. 20 Prozent Verlust aus dem Markt gegangen. Keineswegs aber hätten ganze Unternehmen liquidiert werden müssen.

Mit 25 Regeln zum Millionär!

Wer über Liquidität verfügt, den kann es durchschütteln nach Lust und Laune. Er gleicht einem Grashalm, den der stärkste Börsensturm nicht hinwegfegt.

Der bis zur Halskrause investierte Anleger kann, wenn er mit seinem Depot in einen Kurssturz gerät, nicht mehr reagieren. Er kann nur noch aussitzen. Das aber hat mit Strategie nichts zu tun. Und jeden trifft es früher oder später. Deshalb bereitet man sich vor.

Wenn Sie an dieser Stelle eine kleine Bilanz ziehen wollen und die wichtigsten Erfolgskriterien auf einen Punkt bringen, so sind es:

- Qualität
- Timing
- Liquidität

Praxis-Tipp:

Vergessen Sie diese Erfolgskriterien nie! Man prägt sie sich fest ein und setzt sie auf Seite eins des Börsen-Tagebuches. Dabei ist Freiheit das höchste Gut. An der Börse ist frei, wer über ausreichende Mittel verfügt. Achten Sie deshalb stets auf Liquiditätsreserven.

8. Gut informiert sein

Diese Regel klingt für einen Börsianer so selbstverständlich, dass man sich fast geniert, sie aufzustellen. Und doch ist ein kurzer Hinweis erforderlich, da die weit verbreitete Meinung vorherrscht, es genüge der tägliche Medienkonsum, um informiert zu sein.

Profi-Tipps für Riesengewinne

> **Praxis-Tipp:**
>
> Der intelligente Investor ist nach folgenden Kriterien informiert:
> - aktuell
> - qualifiziert
> - unabhängig

Nur aktuelle Informationen zählen

Für die aktuelle Information sorgen die Medien. Dabei ist die Zeitungslektüre unverzichtbar, auch wenn sie nicht tagesaktuell sein kann, sondern stets nur das Wirtschafts- und Finanzgeschehen des vergangenen Tages beleuchtet. Fernsehen und Rundfunk sind unmittelbar am Tagesereignis dran, was dem einzelnen Anleger Material für schnelle Kauf- und Verkaufsentscheidungen liefern kann. Man sollte die Aktualität, so wichtig sie ist, aber nicht überbewerten. Denn es ergibt sich folgendes psychologisches Problem: Jedem stehen diese Informationen zur Verfügung. Alle professionell arbeitenden Anleger und Spekulanten rund um den Erdball kommen zu jeder Tages- und Nachtzeit an sämtliche aktuellen publizierten Daten und Fakten heran. Internet-Service und Online-Dienste vervollkommnen das System.

Wenn also allen alles zugänglich gemacht wird, ist es gut, diese Tatsache bereits in den eigenen Interpretationsrahmen zu integrieren. Die Interpretation der Information bringt uns auf den Königsweg und erschließt die goldene Spur. Je durchschlagender die Ereignisse, desto wichtiger ist ihre Deutung. Ist die politische Krise kurzfristiger oder langfristiger Natur? – Antworten auf solche Fragen bringen dem Investor die Gewinne von morgen.

Nur wenige finden hier richtige Antworten. Die meisten stellen die Fragen überhaupt nicht. Während die Welt dazu tendiert, immer egalitärer zu werden, haben wir es beim Problem der Informationsverarbeitung mit einer Zwei-Klassen-Gesellschaft zu tun. In der ersten Klasse sitzen die gut Informierten, die zugleich Interpreten der Welt sind. In der zweiten Klasse sitzen die Erbsenzähler, Faktenhuber und Dödels, die sich aufgrund ihrer Rund-um-die-Uhr-Information als Börsenfreaks vorkommen. Ihr Gehirn gleicht jedoch in Wirklichkeit mehr einem überfüllten Mülleimer. Es fehlt an einer Ordnung des Wissens, die sich nur als Folge einer vernünftigen Interpretation ergibt.

Qualifizierte Informationen sind das A und O

Information muss zudem qualifiziert sein. Gute Quellen sind dabei hilfreich, d. h. Sie brauchen erstklassige Zeitungen, Zeitschriften, Börsendienste usw., die Sie nur dann bekommen, wenn dahinter entsprechend kluge Köpfe stecken. Autoren und Redakteure von Format sind gefordert. Auf alles andere können Sie verzichten. Wer hier guten Service gefunden hat, kann sich damit in die erste Klasse hinaufschwingen. Ansonsten ist man, falls das eigene Potenzial nicht ausreicht, zur Zweitklassigkeit verurteilt.

Unabhängige Informationen sind frei von jeglichem Verdacht

Will man der Entwicklung an der Börse nicht hinterherhinken, benötigt man darüber hinaus unabhängige Information und Beratung. Stellen Sie im Zweifel die Frage:

- Wem nützt diese Information?
- Wem schadet sie?

In diesem Zusammenhang ergibt sich bei Börsendiensten gelegentlich der Verdacht auf so genanntes Frontrunning. Darunter versteht man Kaufempfehlungen für Aktien, mit denen sich der Dienst zunächst selbst eingedeckt hat. Anschließend motiviert man unwissende Kunden zum Kauf. Die verstärkte Nachfrage treibt den Kurs

Profi-Tipps für Riesengewinne

nach oben, so dass man komfortabel die zuvor erworbenen Papiere abstoßen kann. Dieses üble Spiel wird inzwischen von den Gerichten unbarmherzig geahndet. Marktenge Papiere sind am ehesten gefährdet, breit gestreute Standardwerte dagegen immun. Man muss schon Milliardär sein, um Aktien wie Siemens oder Deutsche Bank manipulieren zu können.

9. Heiße Tipps nicht beachten

Die Grundregel lautet: Es gibt keine heißen Tipps! Sollte es dennoch einen geben, so behält man ihn für sich und nutzt ihn selbst. Jedenfalls posaunt man ihn nicht in die Welt hinaus. Der echte heiße Tipp ist übrigens sogar gesetzlich verboten, da er gegen die Insider-Regel verstoßen würde.

Alle anderen heißen Tipps sind entweder billige Erfindungen oder stammen von irgendwelchen Rattenfängern, die die Kurse nach obigem Muster manipulieren wollen.

Grundsätzlich gibt es nur fundierte Empfehlungen. Denen kann man folgen, wenn man von ihrer Seriosität selbst überzeugt ist. Sie sind theoretisch begründet und beziehen sich auf fundamentale Faktoren, chartistische und psychologische Interpretationen.

> **Praxis-Tipp:**
>
> Prüfen Sie, von wem die Empfehlungen zum Kauf und Verkauf stammen, und testen Sie, ob man darauf auch später wieder zurückkommt oder ob die einmal gegebenen Ratschläge einfach vergessen werden.

10. Keine übereilten Entscheidungen treffen

Einen äußerst erfolgreichen Aktienspekulanten fragte ich einmal nach dem Fehler, den man unter allen Umständen vermeiden müsse. Er verwies darauf, sich nie unter Zeitdruck setzen zu lassen. Er selbst verfüge über einen extrem funktionierenden Riecher für Börsengeschäfte, und wenn er einmal auf die Nase gefallen war, dann war meistens eine vorschnell herbeigeführte Entscheidung zum Kauf daran schuld.

Warum tappt man überhaupt in die Zeitfalle? Man bekommt einen Tipp zusammen mit der Botschaft, dass man sich dieses Geschäft nicht entgehen lassen dürfe und sofort zuschlagen müsse. Wird die Quelle als einigermaßen solide eingestuft, ist man dabei. Und gerade das sollte man nicht tun. Stets bleibt noch ausreichend Zeit übrig, dieses Geschäft gründlich zu überprüfen. – Halten Sie sich unbedingt an diese Regel, die Sie vor unnötigem Schaden bewahrt.

> **Praxis-Tipp:**
> Wenn Sie eine reizvolle Transaktion vermuten, holen Sie zuvor qualifizierte Information ein. Fällt diese positiv aus, schlagen Sie zu. Im anderen Fall halten Sie Ausschau nach neuen Chancen.

11. Lernen Sie, Chancen zu entdecken

Ihre schulische und berufliche Ausbildung mag insgesamt die Note befriedigend erhalten, sie bereitet Sie jedoch zu einseitig auf Problemlösungen der herkömmlichen Art vor. Für traditionelle Berufe ist das ausreichend, nicht jedoch für Börsenspekulanten. Sie kommen in unserem Bildungssystem zu kurz; auch die Hochschulen tragen dazu nur wenig bei, wenngleich einige Studiengänge wie Philosophie, Psychologie und Ökonomie gute Grundlagen dafür schaffen.

Profi-Tipps für Riesengewinne

Nun ist es natürlich nicht die Aufgabe der Gesellschaft, Börsenspekulanten auszubilden. Gesellschaftlich dringend erforderlich wäre jedoch ein generelles Training für Risikobereitschaft und Chancensuche.

Spüren Sie Chancen auf, wo immer Sie können. An der Börse gibt es jeden Tag neue Chancen. Machen Sie aus Ihrem Börsen-Tagebuch ein Chancen-Tagebuch, in dem Sie sich Rechenschaft über Ihre Erfolge und Misserfolge geben. Nur auf diese Art kommt man dem „Problemlösen" an der Börse auf die Spur.

- Warum haben Sie diese oder jene große Chance nicht gesehen?
- Was hat Sie geleitet bzw. beeinflusst?
- Wie selbstständig, wie fremdbestimmt sind Sie dabei vorgegangen?
- Denken Sie einigermaßen objektiv, oder lassen Sie sich dauernd von subjektiven Vorlieben leiten?

Praxis-Tipp:

Es ist ein lebenslanges Training, das Sie sich verordnen müssen. Doch dabei werden Sie laufend besser. Man bekommt den richtigen Riecher für die ganz große Chance. Und sollte man einmal eine verpassen, so gibt es aufgrund der Überfülle gleich wieder eine neue – die Superchance.

12. Sich auf die gesamte Weltbörse einstellen

Für die meisten privaten Aktionäre in Deutschland scheint es nur die deutsche Börse zu geben. Diese Sichtweise ist zu einseitig und wirkt auf Dauer gewinnmindernd. Echte Chancenjäger gehen weltweit auf die Pirsch. Warum sollte man im DAX engagiert sein, wenn die wirklich fetten Braten zur Zeit an der Wall Street oder am Kabuto Cho zu holen sind?

Mit 25 Regeln zum Millionär!

Was für professionelle Spekulanten selbstverständlich ist, gilt den Laien oft als suspekt. Doch sollte man in der Kritik daran nicht übertreiben. Sie müssen akzeptieren, dass Sie sich im Börsenentwicklungsland Deutschland befinden. Ein Stand wie z. B. in den Vereinigten Staaten wird hier erst in dreißig oder vierzig Jahren erreicht werden. Bis dahin wird man ein ums andere Mal das Jahrzehnt der Aktie ausrufen.

> **Praxis-Tipp:**
>
> Mehrere Branchen, mehrere Länder im Depot. Das ist die Erfolgsformel für weltweite Börsengewinne.

13. Börsenindikatoren richtig bewerten

Wer an den Weltbörsen zu Hause ist, lernt das rasch. Er weiß, dass es nicht nur die Zinsen sind, die den Motor der Börse ausmachen. Schon längst hat man Situationen durchlaufen, in denen steigende Zinsen gegen alle Börsenlogik die Aktienkurse nach oben trieben. Man lernt auch mit anderen wichtigen Indikatoren, wie dem Kurs-Gewinn-Verhältnis, richtig umzugehen und verabsolutiert keinen einzelnen Faktor mehr.

Die ganzheitliche philosophisch-psychologische Betrachtung der Börse, das ist die große Kunst. Sich nicht in nebensächlichen Details verlieren, sondern die große Linie erkennen, darauf kommt es an. Ersteres ist eine nützliche Aufgabe für die Börsenanalysten der Finanzinstitute. Das zweite ist die Aufgabe des einzelnen erfolgreichen Investors.

Läuft der Generaltrend des Dow-Jones-Index oder des DAX nach oben, dann bedarf es keiner sensiblen Analyse ausgewählter Aktien. In diesem Fall investiert man in den breiten Markt hinein und kauft die Blue chips. Die Amerikaner nennen dieses simple Vorgehen „Plain-Vanilla-Taktik". Erst wenn die Hausse abgelaufen ist, kümmert man sich um Analysen von Aktien der zweiten Reihe, mit denen man in die so genannte Spezialwertehausse einsteigt.

Profi-Tipps für Riesengewinne

> **Praxis-Tipp:**
>
> Es gibt überaus erfolgreiche Börsianer, die bleiben bei Blue chips und kümmern sich überhaupt nicht um Hintergrundberichte von Nebenwerten. Denn eine Börse ist immer vorne. Also gibt es auch immer irgendwo einen ausgesprochenen Bull-Market. In den steigt man ein, kauft die besten Standards und wartet ab. Der Trendkanal ist wichtiger als sämtliche Einzelindikatoren.

14. Sich spezialisieren bringt Gewinn

Auf den ersten Blick mag diese These im Widerspruch zu Regel 12 stehen. Ihnen steht zwar die ganze Börsenwelt offen, doch es gelingt Ihnen nicht, an jedem einzelnen Börsenplatz professionell aufzutreten. Also bleibt keine andere Wahl, als sich zu spezialisieren. Und zwar auf

- ausgewählte Länder
- ausgewählte Branchen

Mit der Zeit wird man so z. B. zum Börsenfuchs des japanischen Aktienmarktes. Wer sich spezialisiert, dem fliegen die Informationen nur so zu. Genauso verhält es sich bei der Spezialisierung auf einzelne Branchen. Wer ausschließlich in Richtung Pharma, Elektronik oder Kommunikation arbeitet, hat ein ganz anderes Standing als ein ahnungsloser Laie.

> **Praxis-Tipp:**
>
> Der Börsenspezialist ist vom Persönlichkeitstyp her der Gegenpart zum Börsenphilosophen. Jeder prüfe sich selbst, was am besten passt. Im Zweifel gilt stets die oberste aller Regeln: nicht gegen sich selbst spekulieren.

Mit 25 Regeln zum Millionär!

15. Man ist an der Börse allein

Diese unabänderliche Tatsache zu akzeptieren fällt vielen schwer. Vor allem Newcomer leiden darunter. Zuerst hält man sich an die Wirtschafts- und Finanzpresse, dann klammert man sich an die verschiedenen Börsendienste. Man ruft einen Tipp nach dem anderen ab, bis man schließlich glaubt, die Verantwortung für Börsengeschäfte delegieren zu können. Das ist ein großer Irrtum!

An der Börse ist man alleine, einsamer, als man es im privaten Leben jemals sein kann. Dies zu lernen ist eine der ersten Aufgaben für Börsianer, die später erfolgreich sein wollen. In der Praxis bedeutet dies nicht, dass man grundsätzlich immer einsame Entschlüsse fällen soll. Man ist vielmehr in seiner Verantwortung für sein eingesetztes Geld alleine und muss deshalb die Tragweite seiner getroffenen Entscheidungen kennen.

„Hätte ich das gewusst, dann wäre ich doch niemals auf so ein Papier hereingefallen", so hört man schon oft Börsianer klagen. Am schlimmsten ist es dann, wenn man die „Schuld" an jemand anderen delegieren will. Ein solches Verhalten ist zutiefst unprofessionell. Geht man gar vor Gericht damit, wird das Ganze geradezu schäbig, wenn nicht tatsächlich ein grobes, fahrlässig oder absichtlich herbeigeführtes Verschulden vorliegt. Manche Banken können ein Lied davon singen. Spezialanwälte leben bereits von solchen Pseudospekulanten bzw. „schwarzen Schafen" unter den Instituten.

Aber wer sich aufs Börsenparkett begibt, weiß, worauf er sich bewegt. Er kennt die Chancen und die Risiken.

Praxis-Tipp:

Falls Sie nicht ganz alleine sein wollen, stimmen Sie sich mit einem guten Berater Ihres Vertrauens ab. Der muss dann allerdings Zeit für Sie haben, wenn Sie ihn brauchen.

Profi-Tipps für Riesengewinne

16. Die eigene Analyse- und Prognosekraft kennen

Beide Phänomene sind an der Börse wichtig und voneinander zu trennen. Es gibt Anleger, die gut analysieren können, aber bei der Prognose versagen. Die Analyse liefert uns Kennzahlen über die Qualität eines Unternehmens, einer Branche, eines Marktes. Sie befasst sich mit Indikatoren und gibt analytisch denkenden Köpfen wichtige Signale.

Chartanalytiker sind enger an der Prognose dran als Fundamentalanalytiker. Letzten Endes muss aber aus der Analyse eine Prognose werden, da man ansonsten in reiner Theorie oder Vergangenheitsbewältigung verharrt. Was nützt die subtilste Analyse, wenn daraus kein echtes Börsengeschäft wird?

17. Nicht zaudern, sondern entscheiden

Jede Analyse und Prognose fordert eine klare Entscheidung. Ohne Erteilung eines Auftrags läuft kein Geschäft. Aber ist dieses Abwarten, Zögern und Zaudern nicht menschlich? Obwohl man eine gute analytische Grundlage hat, wägt man ab, hört noch auf dieses und jenes, sieht da und dort noch ein Haar in der Suppe. Wenn es dann endlos weiterzugehen droht und allzu menschlich wird, dann sollte man die ganze Angelegenheit lieber abblasen. Keine Entscheidung ist auch eine Entscheidung. Solche Paradoxien gibt es an der Börse.

> **Praxis-Tipp:**
>
> Sollten auch Sie ein Zauderer sein, so setzen Sie sich ein Zeitlimit, das eindeutig festlegt, bis zu welchem Zeitpunkt spätestens die Entscheidung getroffen wird. Im Grundsatz kann sie nur lauten: kaufen – halten – verkaufen.

Mit 25 Regeln zum Millionär!

Jedoch muss man sie für sich selbst klar definieren. Ansonsten läuft man Gefahr, unachtsam zu werden. Man lässt die Dinge schleifen. „Dieses Mal mache ich halt nichts" – solche und ähnliche Formulierungen sind gang und gäbe, taugen aber nicht für die Börsenpraxis. Besser ist es, seine Entscheidungs- und Entschlusskraft zu trainieren und nach vorne zu bringen. Oft sind es hochintelligente Menschen, die auf diesem Feld besondere Schwierigkeiten haben.

18. Spekulieren – nicht spielen

Ein schlichter Börsenmensch lacht darüber nur. Er kennt den Unterschied und verwechselt nicht das eine mit dem anderen. Selbstverständlich gibt es für das Spielen eine Reihe erstklassiger Gründe. Doch sollte man zum Spielen ins Casino gehen. Börse und Spielbank werden manchmal in Verbindung gebracht, ja sogar als synonyme Begriffe verwendet, doch das ist töricht. Es handelt sich um zwei grundverschiedene Systeme, die jeweils ihre eigenen Regeln haben. Beim Spiel gibt es Spielregeln, an der Börse gibt es Börsenregeln!

Spekulanten kaufen z. B. eine Aktie, also einen Sachwert, den sie momentan als preiswert einschätzen und dem sie in Zukunft einen sehr viel höheren Wert zutrauen. Dieser Zeitpunkt ist dann gekommen, wenn auch andere Marktteilnehmer den echten Wert des Papiers erkannt haben. Dann verkauft man den Titel und sucht die nächste Chance. Mit diesem Sachverhalt ist ein kleines Element aus dem gesamten Netzwerk der Spekulation beschrieben. Es gibt zahlreiche andere Facetten, die aber allesamt nichts mit Spielen gemeinsam haben.

Einer der wesentlichsten Unterschiede liegt im Phänomen Zeit. Ein Spieler will rasch gewinnen und tut das meistens auch. Falls er gerade Glück hat – ansonsten verliert er ebenso schnell. Die Roulettekugel dreht sich, kommt zum Stillstand; der Ausgang des Spiels steht fest. Bei Börsenspekulationen vergehen in der Regel

Profi-Tipps für Riesengewinne

Tage, Wochen, Monate oder Jahre. Sogar superschnelle Transaktionen an der Terminbörse brauchen Zeit, die weit über der des Spiels liegt.

Wer über eine ausgeprägte Spielermentalität verfügt, sollte sie erfolgreich am Spieltisch ausleben. Auch die spielerische Einstellung „Jetzt mach' ich halt mal dies und jenes" taugt nicht für die Börsenwelt.

> **Praxis-Tipp:**
>
> Für die Börsenwelt braucht man eine ziemlich klare Vorstellung, eine gute theoretische Grundlage für seine Spekulation. Später entscheidet sich dann, ob man damit recht hatte oder nicht. Und selbst wenn man falsch liegt, kann man immer noch seine Verluste begrenzen.

19. Rationale und irrationale Erwartungen berücksichtigen

Die Welt der Wirtschaft und Finanzen hat nicht nur mit Tatsachen und konkreten, abgesicherten Zahlen zu tun. Skeptiker einer psychologischen Sichtweise wurden spätestens durch die Vergabe des Nobelpreises für Wirtschaftswissenschaften an den amerikanischen Ökonomen Robert E. Lucas Jr. eines Besseren belehrt, der den Faktor „rationale Erwartungen" in der Wirtschaftstheorie interpretiert hat.

An der Börse gibt es diese rationalen Erwartungen ebenso. Für die Kursgestaltung haben sie eine große Bedeutung. Aus geschäftlichen Informationen über eine Aktiengesellschaft werden häufig Schlüsse über die Zukunft des Unternehmens gezogen. Basieren diese ausschließlich auf begründeten und logischen Annahmen, handelt es sich um rationale Erwartungen. Über die Medien werden diese einem großen Publikum nahe gebracht.

Mit 25 Regeln zum Millionär!

Anders verhält es sich bei irrationalen Erwartungen. Meist liegen unbegründete und völlig übertriebene Annahmen zu Grunde. Auch Gerüchte führen oft zu irrationalen Prognosen und Erwartungshaltungen. Da Gerüchte meist gezielt zur Desinformation eingesetzt werden, ist höchste Vorsicht geboten.

Geschulte Investoren unterscheiden scharf zwischen beiden Ebenen. Rationale Erwartungen sollten als ernsthaftes Kalkül in die geplante Spekulation mit einbezogen werden. Allgemeine irrationale Erwartungen, die beispielsweise klassische Marktübertreibungen betreffen, ebenso.

> **Praxis-Tipp:**
>
> Spekulationen auf der Grundlage eines Gerüchts sind nur etwas für Börsianer, die aus dem Stadium eines Säuglings nicht herauskommen.

20. Kaufen Sie ausschließlich echte Werte

Bereits in Regel 5 sind Sie auf den Qualitätsaspekt hingewiesen worden. Für Anfänger ist diese Vorschrift unerlässlich, denn mit ihr werden sie nicht auf die Nase fallen. Wer die Spekulationsleiter jedoch schon etwas höher geklettert ist, will sich nicht immer nur Titel der ersten Wahl ins Depot legen und neben den weltweit bekannten Blue chips auch spekulativere Titel aufnehmen. Dagegen ist nichts einzuwenden, wenn man sich streng an die Regel hält und nur echte Werte kauft.

Bei spekulativen Nebenwerten hat man die ökonomischen Daten des Unternehmens hart abgeklopft und sich nicht von den Vernebelungstaktiken der Buchhaltungsmagier aufs Kreuz legen lassen.

> **Praxis-Tipp:**
> Ist man zur kritischen Überprüfung selbst nicht in der Lage, sollte eine Bank, ein Broker oder ein Berater diese Aufgabe übernehmen.

Die Aktie muss in jedem Fall preiswert sein. Anhänger der Value-Investing-Theorie legen darauf mehr Wert als auf Managementqualitäten und andere Faktoren. Wen diese bedeutende Sicht der Börse näher interessiert, dem sei eine Lektüre über den Vater dieser Theorie, den Amerikaner Benjamin Graham, empfohlen: „Benjamin Grahams Ansichten über ‚Value Investing' – Lektionen vom Meister der Wall Street" von der Autorin Janet Celesta Lowe.

21. Aktien mit „Story" kaufen

Liebt man schnelle Geschäfte, hat man nur dann Glück, wenn Pep in den Papieren steckt. Mit langweiligen Ladenhütern ist, besonders in der Flaute, nichts anzufangen. Zu allen Börsenzeiten gibt es Aktien, die im Gespräch sind, die eine echte Story haben.

Unabhängig davon, ob die verbreiteten Meldungen über das Unternehmen positiv oder negativ sind, ist an diesen Papieren etwas dran. Millionen von Anlegern, die ebenfalls informiert sind, zerbrechen sich die Köpfe. Bei Negativnachrichten will alles aus der Aktie raus, die Kurse stürzen ab; umgekehrt verhält es sich bei positiven Berichten. Daraus lässt sich etwas machen: nämlich billig einkaufen und teuer verkaufen!

> **Praxis-Tipp:**
> Fragen Sie sich vor der Entscheidung stets, wie die Masse über die Angelegenheit denkt – und handeln Sie entgegengesetzt!

22. Kontrolliert und diszipliniert handeln

Das gilt für den Kauf und den Verkauf, egal welche Analyse Sie bevorzugen. Das Umsetzen in ein echtes Handelsgeschäft sollte stets kontrolliert und diszipliniert erfolgen. Wenn Sie sich vorgenommen haben, dieses und jenes zu tun, dann müssen Sie es auch tun. Arbeiten Sie z. B. nach einem Computerprogramm, das Ihnen ein klares Kaufsignal gibt, so sollten Sie es umsetzen. Ansonsten brauchen Sie das Programm nicht.

Spontanes Herumspekulieren und Ausprobieren verschiedener Modelle und Theorien hat natürlich seinen Reiz. Viele brauchen das, sie suchen Risiken in unserer erlebnisarmen Zeit. Der Kick kommt jedoch nicht aus der Gefahr, sondern aus dem Gefühl, sie beherrschen zu können. Das kann an der Börse niemandem vollkommen gelingen, dennoch bleibt Ihnen keine andere Wahl, als wenigstens in diese Richtung zu marschieren. Ohne Kontrolle und Disziplin gelingt das nicht einmal im Ansatz.

23. Reich werden als „Mr. Zehn Prozent"

„Auch Kleinvieh macht Mist", sagt der Volksmund. An der Börse ist das genauso. Viele, besonders die ungeduldigen oder verlustgeschädigten Anleger, suchen nach einem Weg, der ihnen in Zukunft mehr Gewinn verheißt.

> **Praxis-Tipp:**
>
> Nehmen Sie in Zukunft Gewinne öfters mit. Das kann bereits nach 10 Prozent sein, selbst wenn man die eingefahrene Summe versteuern muss.

Der große Nachteil dieser Methode ist, dass man einen vollen Turnaround mit 100 oder 200 Prozent Gewinn nicht aktiv miterlebt. Die Vorteile wiegen das jedoch bei weitem auf, zumal diese Top-

Profi-Tipps für Riesengewinne

Gewinne Ausnahmen sind. Man sitzt keine Verluste mehr aus, wenn die Engagements kurzfristig laufen. Dadurch hat man immer weniger Nieten und immer mehr Gewinner. Denn die 10 Prozent erreicht man relativ schnell. Oft genug kann man dasselbe Papier wieder zurückkaufen, und die Spekulation beginnt von neuem. Mit der Zeit lernt man seine Tradingfavoriten so gut kennen, dass es immer einfacher wird, ihren Kurs einigermaßen richtig vorherzusagen. Im Übrigen muss diese Methode ja nicht buchhalterisch-streng angewendet werden. Es spricht nichts dagegen, gelegentlich einmal 15 oder 20 Prozent mitzunehmen. Aber bei seiner Grundlinie sollte man bleiben. Übermut erhöht nur das Enttäuschungsrisiko.

24. Reinen Tisch machen

Einer der Hauptfehler vieler Börsianer besteht darin, dass sie permanent in Wertpapieren engagiert sind. Ihr Depot ist meist prall gefüllt. Dabei hat man gar nicht immer Zeit, alles gründlich zu überwachen und entsprechende Dispositionen zu treffen. Verhängnisvoll kann dieser Fehler bei längerer Abwesenheit (Auslandsreisen, Krankheit o. Ä.) sein. Das Depot dümpelt dann einfach vor sich hin, obwohl es an der Börse genau genommen täglich Handlungsbedarf gibt. Wer z. B. in Urlaub fährt und während dieser Zeit keinen Kontakt zu seiner Bank wünscht, sollte vorher Kasse machen und das Depot räumen. Es sei denn, man ist von seinen ausgewählten Papieren so überzeugt, dass man sie liegen lassen kann.

Tabula rasa, reiner Tisch, ist aber nicht nur zu Ferienzeiten eine gute Sache. Hin und wieder sein Depot vollständig zu liquidieren schafft Platz für neue Gedanken und Theorien. Ganz ehrlich, die Aktien, die man besitzt, korrumpieren Ihr Gehirn. Besonders wenn man schon lange mit ihnen zu tun hat. Ständig ist man hungrig auf Informationen hinsichtlich der eigenen Papiere. Obwohl diese im Minus sind, beschäftigt man sich dauernd damit, anstatt endlich einmal nach neuen Chancen Ausschau zu halten. Das gelingt glänzend, wenn

Mit 25 Regeln zum Millionär!

der Kopf frei ist und außerdem noch Mittel bereitstehen für neue Investitionen.

> **Praxis-Tipp:**
>
> Freiheit ist ein wesentlicher Wert, der von leidenschaftlichen Börsianern häufig vergessen wird. Es ist ein wunderschönes Gefühl, liquide zu sein und die ganze Börsenwelt vor sich zu haben. Viele denken daran erst, wenn es zu spät ist. Dann sitzt man auf hohen Verlustpaketen und jammert.

25. Die eigenen Grenzen kennen

Spekulieren ist eine Kunst. Daran ändern alle Techniken nebst Computer-Unterstützung nichts. Wie gut man spekuliert, erkennt man nach ein paar Jahren. Hat man dann immer noch nichts verdient, hört man entweder auf oder verändert radikal seine Methode. Alles andere wäre Dummheit.

Das komplexe System Börse lädt zum Fehlermachen nur so ein. Wer keine macht, kann nur ein Genie oder ein Lügner sein.

> **Praxis-Tipp:**
>
> Sie sollten die Fehler analysieren, daraus lernen und Ihre Methode ständig verfeinern. Im Laufe der Zeit wird man dann besser, doch Vorsicht, nicht leichtsinnig werden; nicht glauben, man habe es geschafft und sei nun perfekt geworden. Auch nach einem sehr erfolgreichen Börsenjahr tut Bescheidenheit gut.

Denn wer glaubt, er beherrsche das System, vernachlässigt nur seine Sicherheit. Es geht ihm früher oder später wie Siegfried, den Sie sicherlich von der Nibelungensage her kennen. Er musste sterben, weil er zu sehr an seine Unverwundbarkeit glaubte. Ihr Problem ist, dass Sie in einem viel höheren Maße verwundbar sind als Siegfried. Sie armer Aktionär stehen nahezu völlig schutzlos im Börsendschungel.

Aus Fehlern lernen!

Das persönlichkeitspsychologische Netzwerk mit dem komplexen System der Börse zu koordinieren und auch nur einigermaßen in Einklang zu bringen, ist keine einfache Sache. Es beginnt bereits damit, dass weder der Mensch noch die Börse bis ins Detail zu analysieren sind. Aufgrund dessen scheidet das Modell der Perfektion von vornherein aus. Sie müssen sich mit der eigenen Unvollkommenheit abfinden, ohne daran zu verzweifeln. Wer seine persönlichen Fehler und Schwächen kennt, ist bereits gut dran und auf dem ersten Weg zum Erfolg. Denn dann kann man die Stärken um so besser herausfiltern und börsenpraktisch umsetzen. So, wie Sie sich selbst verstehen, die Börse interpretieren und praktisch angehen, wird Ihr Börsenerfolg bzw. -misserfolg aussehen. In einer Kurzformel ausgedrückt, sieht das so aus:

T1		T2		P	
Theorie über die eigene Persönlichkeit	+	Theorie über die Börse	+	Börsenpraktischer Ansatz	= Erfolg

Für die individuelle Fehleranalyse kann dieses Modell hilfreich sein. Werden große Fehler gemacht, so fragt man nach der Ursache. Andere zu beschuldigen ist eines echten Börsianers unwürdig. Ehrlicher ist es, sich an die eigene Brust zu klopfen. Ist man z. B. einem Börsenguru gefolgt, der glaubte, alles exakt zu wissen, so ist man selber schuld.

In diesem Fall ist die Ursache des Fehlers einfach festzustellen. Sie liegt im Feld T1, das die notwendige kritische Prüfung des Ratgebers

Aus Fehlern lernen!

vermissen ließ. Sie sind für sich selbst verantwortlich und können diese Verantwortung an niemand anderen delegieren. Nichts anderes besagt die Regel 15: „Man ist an der Börse alleine."

Kluge Börsianer brauchen zu dieser Einsicht nicht lange. Sie begreifen das schnell und akzeptieren es, weshalb die ganz großen Fehler zumeist auf den anderen Ebenen gemacht werden. Zu den größten überhaupt gehört das Kaufen bzw. Verkaufen zum absolut falschen Zeitpunkt. Wer am Gipfel der Super-Hausse Aktien kauft, hat gegen elementare Börsenregeln verstoßen und bezahlt schwer dafür. Er hat sich vom Sog der Masse mitreißen lassen, oft gegen besseres eigenes Wissen und Fühlen. Die Mehrheitsmeinung führt in den meisten Fällen in die Irre, d. h. zu Verlusten.

Besonders schmerzhaft am eigenen Geldbeutel verspüren das jene Börsianer, die während der Auslaufphase einer schweren Baisse ihre Papiere zum Schleuderpreis auf den Markt werfen. Ist es schon schlimm, falsch einzukaufen, so ist es vollends eine Katastrophe, wenn man exakt zum Tiefstkurs seine Aktien abstößt. Das schmerzt lange Zeit. Sollte es Ihnen einmal passieren, dass Sie mit einem größeren Aktienpaket die Baisse durchstehen und aussitzen müssen, so tun Sie das, und stehen Sie zu dem begangenen Fehler. Vorausgesetzt, die Rahmenbedingungen stimmen (z. B. dass das Geld nicht dringend anderweitig benötigt wird) und es handelt sich ausschließlich um Qualitätspapiere. Wer durchhält, gewinnt, oder poetischer ausgedrückt: In der Mitte der Nacht beginnt bereits der Tag.

Jeder Erfolg hat auch seinen Preis. In der Börsenpraxis sieht er so aus:

- Überwindung der Angst beim Kauf in der tiefen Baisse
- Überwindung der Gier beim Verkauf in der Hausse

Ihr Einsatz besteht nicht nur in Form von Geld. Viel mehr noch setzen Sie Ihre Seele ein. Der Börsenmotor besteht im Wesentlichen aus Geld, Angst und Gier. Genau genommen sind das allesamt nicht reale, sondern psychologische Faktoren. Angst und Gier ohnehin, aber auch Geld, dessen Funktion als Tauschmittel psychologischen Mechanismen unterliegt. Den gründlichsten Beweis für die Psychologie von Geld und Börse liefern Phänomene wie Inflation bzw. Deflation und der Crash. Sie alle entstehen aufgrund einer mangelhaften ökonomischen, aber vor allen Dingen auch psychologischen Bildung.

So ist z. B. der Börsenkrach eine logische Folge des weltweit überwiegenden prozyklischen Verhaltens der Anlegermehrheit. Immer wieder lässt man Ballone aufsteigen, treibt sie in Schwindel erregende Höhen und lässt sie dann platzen. Verursacht durch die Psychokrise einer Schar von verrückten Geldanlegern verlieren daraufhin Tausende, ja Millionen von Menschen ihren Arbeitsplatz. Die Börse und die reale Wirtschaft – zwei verschiedene Welten!

Achtung: Was auch immer man anstellt, um die Börsen systematisch zu erforschen und in den Griff zu bekommen, es wird stets ein mangelhaftes theoretisches Konstrukt dabei herauskommen. Ob Computer- und Indikatorenmodelle, die tausend Einzelfakten berücksichtigen, oder irgendeine andere Methode, zum Schluss sind Sie immer wieder auf sich selbst gestellt.

> **Praxis-Tipp:**
>
> Ein gutes System alleine genügt nicht, entscheidend sind das Können, die Energie und der Mut des Anlegers. Ohne diese intellektuellen und psychologischen Komponenten – mögen die Computer- und Hightech-Modelle noch so gut sein – läuft an der Börse nichts.

Diese Selbstverständlichkeit begreifen aber immer noch nicht alle. Dies merkt man z. B. daran, dass Börsen-Hightech-Freaks den Computer mit dem menschlichen Gehirn vergleichen, was einer

Aus Fehlern lernen!

tiefen Beleidigung des Gehirns gleichkommt. Wird der Computer gar mit der Seele verglichen, dann ist mehr als nur Dummheit im Spiel.

Wichtig: Am besten verlässt man sich auf sein eigenes Wissen, auf selbst gemachte Erfahrungen und die daraus folgende ständig verbesserte intuitive Energie. Wie Gedächtnispsychologen und Hirnforscher herausfanden, sind die Menschen hinsichtlich ihrer Intuition äußerst unterschiedlich ausgestattet. Intuitive Vorgehensweise liegt nicht jedem, vielen ist das zu unpräzise. Mittlerweile unterscheidet man vier unterschiedliche Denk- und Arbeitsstile, die auch für Geldanleger interessant sind. Man kann daraus vier Grundtypen ableiten, die im Folgenden kurz skizziert werden.

Anlegertypen

- **Rationaler Typ**
  - Sammelt sämtliche Daten und Fakten, die ihm in die Hände fallen.
  - Geht ausschließlich rational vor.
  - Verlässt sich nicht auf Vermutungen.
  - Hasst Sätze, die mit „Ich glaube ..." beginnen u. Ä.
  - Gerät bei Schieflagen nicht in Panik, sondern analysiert die Lage rational.
  - Neigt zur fundamentalen und technischen Analyse.

- **Problemorientierter Praktiker**
  - Probleme werden praktisch gelöst.
  - Kontrolliert alles genau: einzelne Titel, Depot usw.
  - Börsentheorien spielen keine Rolle.
  - Für jede Transaktion wird ein Plan aufgestellt, der bis ins Detail geht.

Profi-Tipps für Riesengewinne

noch: Anlegertypen

- Auf Timing wird großer Wert gelegt.
- Nichts verläuft im Sande. Alles wird überwacht und zielstrebig bis zum Ende durchgeführt.

■ Psychologisch orientierter Anleger

- Will sich selbst und andere besser kennen lernen.
- Fragt nach seiner emotionalen Einstellung.
- Das Handeln der Anlegermehrheit spielt bei Entscheidungen eine große Rolle.
- Will stets „sauber" spekulieren. Würde nie Insider-Tipps in der Börsenpraxis verwerten.
- Kritische Distanz fällt ihm nicht leicht.
- Lässt sich in der Hausse mitreißen und leidet in der Baisse.

■ Intuitiver Stratege

- Achtet auf die große Linie, den großen Zusammenhang.
- Details wie Durchschnittslinien und Beta-Faktor interessieren nicht.
- Liebt Risiken. Mag alles Unkalkulierbare.
- Sucht und findet Chancen.
- Traditionelle Methoden wie z. B. die über hundert Jahre alte „Point & Figure"-Chart-Analyse werden infrage gestellt.
- Große Theoriegebäude sowie einzelne Fakten werden rasch in einen neuen Ansatz integriert.
- Sein Leitsatz lautet: Phantasie ist wichtiger als Wissen.

Aus Fehlern lernen!

Diese vier Grundtypen gibt es durchaus in der Praxis. Sie verdeutlichen die unterschiedlichen Einstellungen, die es zum Phänomen Börse gibt. So wird auch klar, dass bestimmte Gegenpositionen auf Dauer Bestand haben werden. Aus einem überzeugten Chartisten wird eben kein überzeugter Fundamentalist. Ein psychologisch orientierter Anleger will ebenso wenig detaillierte Faktensammlungen anlegen wie ein ganzheitlich operierender Stratege.

Natürlich hat jeder dieser einzelnen Typen seine Vor- und Nachteile. Sie sind zumeist auf den ersten Blick erkennbar. Man kann nicht vorhersagen, welcher Anlegertyp erfolgreicher sein wird. Eher wird man konstatieren, dass alle vier gleichwertig nebeneinander stehen. Subjektive Präferenzen gibt es sicher. Man fühlt sich nämlich zu dem Typ hingezogen, dessen Eigenschaften man bei sich selbst entdeckt. Das ist zwar menschlich verständlich, doch es führt nicht weiter, weil man immer in seinem Raster bleibt.

Was ist nun das Ideal? Mit dieser Frage kommen Sie auf die goldene Spur großer Börsenerfolge. Nur zirka 5 Prozent der Menschen verfügen grundsätzlich und von Natur aus über die Fähigkeit, alle vier Denkstile zu kombinieren und zu integrieren. Das hat zunächst einmal mit Intelligenz überhaupt nichts zu tun, sondern vielmehr mit dem persönlichen Denkstil. Was ist mit den restlichen 95 Prozent? Haben sie keine Chance? Doch, aber nur dann, wenn sie sich dem Denken anderer Stile annähern und offen bleiben.

Warum soll man nicht das, was sich bewährt hat, von anderen übernehmen? Es wäre verrückt, es nicht zu tun. Und doch ist gerade das die Regel. Offenheit und Übernahme anderer Denkstile findet man selten. Man muss die andere Art zu denken regelrecht trainieren. Sich in den anderen hineinversetzen. Es gelingt mit der Zeit, ist aber nicht einfach.

Profi-Tipps für Riesengewinne

Wichtig: Damit Sie für sich aus dem vorliegenden Buch Nutzen ziehen können, sollten Sie sich zunächst daraus jene Regeln notieren, die Ihrem individuellen Denkstil entsprechen. Falls Sie zu den oben genannten 5 Prozent gehören, ist das überflüssig. Wenn nicht, sollten Sie es tun.

> **Praxis-Tipp:**
>
> Transformieren Sie die wichtigsten Regeln in Ihre Sprache. Wer oft unterwegs ist, hat diese auf einem kleinen Blatt Papier notiert, das im Kalender oder in der Geldbörse Platz hat. Und notieren Sie sich, was Sie in Ihrem Depot haben.

Somit ist die „gesamte" Börse im Kleinformat immer und überall vorhanden. Das ist unter Umständen eine große Hilfe. Besonders für jene, die zu Spontangeschäften neigen. Ein Blick auf die Regeln, und man wird vorsichtiger. Aber auch Chancen werden auf diese Weise besser wahrgenommen.

Riesengewinne an der Börse fallen denen zu, die über alles Börsenwissen hinaus folgende Einstellungen und Eigenschaften aufweisen oder ihnen sehr nahe stehen.

Positive Einstellung zum Leben und zur Börse
■ Mut zum Risiko
■ starke Nerven
■ Tapferkeit: nach der Niederlage wieder aufstehen
■ Ausdauer
■ voller Einsatz
■ eiserne Disziplin

Aus Fehlern lernen!

noch: Positive Einstellung zum Leben und zur Börse

- Mut, die eigene Entscheidung zu revidieren
- Feingefühl
- Kreativität
- Phantasie
- nicht an Geld denken, sondern an den Erfolg
- sich selbst als Börsianer schaffen

Das ist in der Tat nicht wenig, für den ganz großen Erfolg aber unverzichtbar. Sonst gleitet man in das Mittelmaß ab und wird unzufrieden. Mit Mut ist der Mut aus eigener Überzeugungskraft gemeint. Alles von außen Aufgesetzte taugt wenig. Der erfolgreiche Börsianer hat den Charakter und die Nerven dazu, täglich in den Abgrund zu schauen. Er hat Vertrauen in die eigene Kraft.

Erfolgreiche Börsianer sind in der Regel bescheidene Menschen. Dafür gibt es viele Beispiele in der Praxis. Sie lassen sich vom Glanz des Geldes nicht blenden und sehen es lediglich als ein Mittel an, sich selbst und anderen Gutes zu tun. Man schafft Werte damit, materielle und immaterielle. Geld alleine ist gar nichts!

Praxis-Tipp:

Der große Erfolg ist trainierbar – durch unerbittliches Vorwärtsschreiten und durch den Glauben: Sie schaffen es! Investieren Sie Ihr ganzes Leben oder einen Teil davon in die Welt der Börse. Gekoppelt mit Ihrer Energie ist der große Erfolg dann nur eine Frage der Zeit.

Profi-Tipps für Riesengewinne

Riesengewinne an den interessantesten Weltbörsen

Wall Street

Ob Hausse oder Baisse, an der Wall Street gibt es zu allen Zeiten die größte Vielfalt an Chancen. Wohin die großen Trends laufen, das spiegeln die US-Indizes wider: der 30 Aktien umfassende Dow-Jones-Index sowie der breite Standard-Poors-500-Index. Häufig verweisen Börsianer darauf, dass Letzterer aussagekräftiger wäre, weil er 500 anstatt nur 30 Titel initiiert.

Wenn man sich am Gesamttrend orientieren will, leistet der Dow Jones genauso gute Dienste wie der Standard Poors. Also hat die Börsenwelt doch recht, wenn sie sich, egal ob London, Hongkong oder Singapur, auf die Tendenz des alten Dow konzentriert.

Die überwiegende Mehrheit der ausländischen Investoren in den USA bevorzugt natürlich die Blue chips des Dow Jones. Verstärkt richten jedoch inzwischen viele Anleger ihren Blick auf die riesengroße Auswahl von Nebenwerten. Nicht zuletzt Erfolgsstories wie Apple oder Microsoft haben an dieser Entwicklung ihren Anteil.

Was ist jedoch der grundsätzliche Unterschied zu den europäischen Börsenplätzen, insbesondere zu Frankfurt? Um diese Frage einigermaßen objektiv zu beantworten, muss man den Hebel anders ansetzen und zunächst die Wirtschaft, dann das Sozialsystem, die Finanzwelt und erst ganz zum Schluss die Börsenwelt betrachten.

Alle Systeme sind eng miteinander verbunden. Dominiert werden sie jedoch alle von der Wirtschaft. Es ist eine freie ökonomische Welt, die immer noch viel vom Land der unbegrenzten Möglichkeiten in sich trägt, auch einen Hauch des Wilden Westens aus dem

Riesengewinne an den interessantesten Weltbörsen

letzten Jahrhundert. Was manchem wie eine Ideologie vorkommt, ist in Wirklichkeit der Motor einer freien Marktwirtschaft.

Sich selbstständig zu machen, ein Unternehmen zu gründen und viel Ideen und Tatkraft nach vorne zu bringen, stellt in den Vereinigten Staaten einen hohen, gesellschaftlich anerkannten Wert dar. Der Staat, sprich die Regierung, fördert das, indem er den Unternehmen so wenig Unannehmlichkeiten wie nur möglich auferlegt. Die drei wesentlichen Elemente sind:

- wenige bürokratische Hemmnisse
- niedrige Steuern
- niedrige Soziallasten

Durch ein positives Zusammenspiel von Wirtschaft und Politik schafft man ein äußerst unternehmerfreundliches Umfeld. Der Staat nimmt sich an Steuern nur das, was er dringend für seine Aktivitäten und zur Umverteilung benötigt. Auch wenn Demokraten und Republikaner erbitterte Kämpfe um Steuer- und Schuldenpolitik austragen, werden sich beide Kräfte in der Förderung des freien Unternehmertums wieder in der Mitte treffen.

Achtung: In Deutschland fehlte bislang solch ein Klima. Gelegentlich musste man sogar den Eindruck gewinnen, dass die Gewinne von Unternehmen eher etwas Schlechtes sind, obwohl wir alle davon leben. Es war abschätzig von „Staatsknete" die Rede – ein solches Denken würde in den USA gar nicht erst aufkommen.

Wann immer es möglich ist, muss man die Steuern für Unternehmen und für Privatleute senken. Das schafft Investitions- und Konsumanreize. So denkt man in Amerika. Bei uns hingegen denkt man darüber nach, wie man diese und andere Steuern weiter erhöhen kann. Und wenn schon das nicht gelingt, muss man wenigstens neue Steuern erfinden. Debatten darüber werden bei uns meist ideologisch geführt, in Amerika mehr pragmatisch.

Profi-Tipps für Riesengewinne

Während das so genannte Soziale in Europa, und hier besonders in Deutschland, eine große Rolle spielt, hängt man das Thema in den USA etwas tiefer. Zuerst gilt das Prinzip der Selbstvorsorge. Was immer an Absicherung nötig und möglich ist, soll in erster Linie privat getragen werden. Erst wenn alle Netze reißen, gibt es so etwas wie staatliche Fürsorge.

Ein ausgefeiltes Sozialsystem wie in der Bundesrepublik ist den Amerikanern fremd. Man kann zwar das amerikanische System in Deutschland nicht übernehmen, aber verändert werden muss hier in jedem Fall etwas. Das generell vorhandene Anspruchsdenken ist nicht mehr durchzuhalten, da die Ansprüche in der Praxis nicht mehr finanziert werden können. An seine Stelle muss das Prinzip des ehrlichen und gerechterweise vertretenen Anspruchs treten.

Manche Leserin, mancher Leser wird nun eventuell erneut angeregt, über den phänomenalen Anstieg des Dow-Jones-Index nachzudenken. Er war nur in den Vereinigten Staaten möglich und wird in dieser Form beim DAX nur dann eintreten, wenn sich die Gewinnsituation der deutschen Unternehmen drastisch verbessert und eine unternehmerfreundliche Kultur entsteht.

Welche amerikanischen Aktien eignen sich nun besonders gut zur Spekulation? Es sind vor allem die Blue chips, die zumeist an der deutschen Börse – entweder im amtlichen Handel oder im Freiverkehr – gekauft und verkauft werden können. Bei hohen Einzelaufträgen, die 500 000 Euro übersteigen, ist es allerdings vernünftiger, direkt in den USA zu ordern. Hier reichen die Umsätze an den heimischen Börsenplätzen nicht immer aus.

Typisch für Amerika ist der Konsum. Alleine schon der riesige Binnenmarkt spricht dafür. Die Größten in diesen Branchen sind national und international ein Begriff. Wer kennt nicht Markennamen wie Philip Morris, Coca Cola, McDonald's oder Pepsi Cola? Die dazugehörigen Charts könnten aus einem eigens für Spekulanten entworfenen Bilderbuch stammen.

Riesengewinne an den interessantesten Weltbörsen

Ideale Aktien für konservative Investoren und Trader

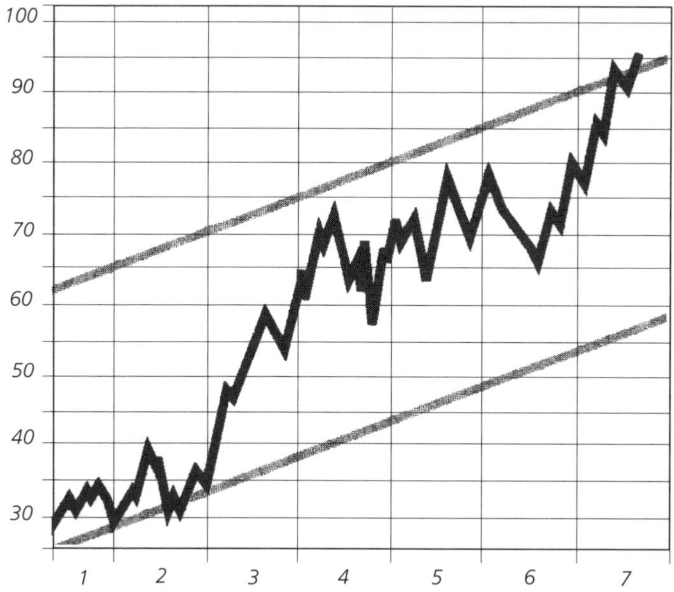

Erläuterung:
Typischer Kursverlauf: Trendkanal nach oben.

Welch phantastischer Geschäftserfolg, welch phantastische Gewinne für Börsianer! Zwei Basis-Strategien bieten sich dafür an:

- Man hält die Aktie als konservativer Investor durch und nutzt Rückschläge zum Aufstocken.

- Man verhält sich wie der klassische Trader und gibt die Stücke während immer wiederkehrender Übertreibungsphasen nach oben ab. In den Übertreibungsphasen nach unten deckt man sich neu ein.

Beide Modelle haben etwas für sich und sind natürlich von der Persönlichkeitsstruktur des Spekulanten abhängig. Aber das Ganze ist immer auch eine Interpretationssache.

Profi-Tipps für Riesengewinne

Solange man den Titel als klaren Wachstumswert versteht, greift die erste Strategie am besten. Sollten sich jedoch Grenzen des Superwachstums abzeichnen, muss man zwingend zur zweiten Strategie überwechseln. Das gilt im Kern für sämtliche Wachstumsaktien. Denn kein Trend läuft ewig und für alle Zeiten.

Pepsi Cola, der große Dauerkonkurrent von Coca Cola, bietet uns einen ähnliche Traumchart. Sie können natürlich genauso gut den Chart der Coca-Cola-Aktie heranziehen, der dem Obigen in der Performance nicht nachsteht. In diesem Fall bin ich geneigt zu sagen: Entscheiden Sie sich am besten jeweils nach Ihrem persönlichen Geschmack. Sind Sie Coke- oder Pepsi-Fan? Unabhängig davon: Vorsichtig sollten Sie beim Kauf während der Übertreibungsphase nach oben sein. Auch mit dem besten Titel der Welt liegen Sie dann möglicherweise ein ganzes Jahr lang im Minus. Das tut zwar langfristig nicht weh, da die Papiere wieder an Boden gewinnen, blockiert aber die Suche nach neuen Chancen.

Und diese sind auf dem US-amerikanischen Aktienmarkt enorm, wenn man an die Erfolgsbranchen wie z. B. Elektronik, Pharma oder Rohstoffe denkt. So ist Amerika im Hightech-Bereich immer noch führend. Wer Japan in diesem Sektor als alleinige Supermacht sah, hat inzwischen dazugelernt. Die US-Top-Titel sind wieder auf dem Vormarsch. Sogar der stark ins Wanken geratene Computerriese IBM hat sich von schweren Schlägen erholt und bietet Turnaround-Spekulanten neue Chancen. „Fallen Angels" waren schon immer die Spezialität an der Wall Street. Man erwirbt einen Noch-Blue chip zum Sonderpreis. Größe, Geld und Know-how gehen schließlich selten ganz verloren, und alte Fehler wiederholt man auch nicht mehr. Inzwischen hat der Name IBM wieder seinen alten, guten Klang.

Daueraktionäre und Wachstumsfetischisten erlebten mit dem EDV-Klassiker einen schweren Einbruch. Für sie war der Abstieg von IBM eine Horrorfahrt. Manch einer stieg beim Höchstkurs ein und sah sein einstiges Lieblingspapier beim Tiefstkurs wieder. Daran hatte selbstverständlich auch der Dollarkursverfall seinen Anteil.

Riesengewinne an den interessantesten Weltbörsen

Doch inzwischen stehen die Chancen für künftige Kurse gut. Die IBM-Strategen sitzen nicht mehr auf dem hohen Roß, sondern haben die Härte des Weltmarktes kennen gelernt und sich darauf eingestellt. US-geschulte Börsianer warten darauf, dass IBM eigene Aktien aufkauft. Tritt dies ein, wird das als ein zusätzliches Haussesignal interpretiert. Generell sollte man bei amerikanischen Unternehmen Aufkaufprogramme eigener Aktien beachten. Wiederum ein großer Unterschied zur deutschen Börsenwelt, denn bei uns sind solche Aufkäufe nicht erlaubt.

Wie es aussieht, wenn ein Hightech-Turnaround mehr als voll gelingt, zeigen uns Unternehmen wie Compaq, National Semiconductor oder Texas Instruments.

Die Hightech-Welt steckt voller Chancen. Es ist verständlich, wenn Börsianer lieber auf die ganz Großen der Szene setzen, z. B. Microsoft.

Aktien, deren Turnaround sich bestätigt, sind in der Anfangsphase des Wiederaufholens besonders interessant. Man zieht sich dazu als Vorbild andere Unternehmen aus derselben Branche heran und vergleicht. Natürlich reicht der Chart alleine nicht aus – harte Fakten aus dem Unternehmen und über die Konkurrenzsituation müssen auf den Tisch. Gespräche mit Branchenkennern sind äußerst wichtig. Erst wenn sich das Bild abgerundet hat, springt man ins Wasser – es ist dann nicht mehr so kalt.

Wichtig: Aktionäre haben in den Vereinigten Staaten einen ganz anderen Status als in Europa, zumal in Deutschland. Es ist für Kapitalanleger das Land der unbegrenzten Möglichkeiten. Wer nicht in Großunternehmen investieren will, kann sich Tausenden von kleinen Aktiengesellschaften widmen. Ist einem auch das zu wenig, gibt man sein Geld jungen Leuten, die gerade dabei sind, ein eigenes Business auf die Beine zu stellen. Immer noch gibt es die Erfolgsstories über abenteuerliche Unternehmensgründungen. Dynamische Youngsters mit viel Phantasie, einem enormen Arbeitseinsatz

Profi-Tipps für Riesengewinne

und verrückten Erfolgsvorstellungen schaffen den Einstieg und Ausbruch. Sie haben alles, nur kein Geld.

Bei solchen Investments muss man natürlich vor Ort sein und die Angelegenheit begleiten, oder man hat jemanden, der die Dinge im Auftrag seriös erledigt. Ist dieser Umstand nicht gegeben, bleibt man bei den Standards, deren Dynamik sich ebenfalls sehen lassen kann. Allerdings ist dann der eingangs besprochene Dow Jones börsentägliches Pflichtprogramm. Und das besonders intensiv in Extremphasen. In der jüngeren Zeit waren dies die Jahre 1987 und 1998. Sie stehen nicht nur symbolisch für den Crash und die Super-Hausse. 1929 ist dagegen längst verblasst, zur Börsengeschichte geworden – obwohl man auch von dieser Zeit noch sehr viel lernen kann.

Die Crash-Jahre waren wunderbare Jahre zum Aktienkaufen. Nahezu jedes Investment in Blue chips wurde vergoldet. Was das besonders Schöne war: Man roch die kommende Hausse geradezu! Solche Ideal-Phasen gibt es wenige an der Börse. Sie sind ein Geschenk, das man annehmen soll. Viel schwieriger ist es, während einer laufenden Hausse und Super-Hausse Aktien auszuwählen. Welches Papier entspricht dann noch den harten Kriterien eines echten Value-Investments? Wo gibt es noch eine unterbewertete Aktie? Sämtliche Fonds-Manager, sämtliche Privatanleger haben sich weltweit bis zur Halskrause mit den klassischen Wall-Street-Blue chips eingedeckt. Auch wenn es weiterhin glänzende Gewinnaussichten geben sollte, sind die Aktien überkauft.

In diesen Phasen muss man herausfinden, ob die Papiere in den Händen psychisch starker Investoren sind oder ob sie in einem zu großen Anteil in den Depots von Angsthasen liegen. Wie auch immer, irgendwann beginnt der Verkauf auch der allerbesten Papiere – meist zu einer Zeit, in der Unternehmenshöchstgewinne gemeldet werden und die Konjunktur gut läuft. Wer beim ersten Verkaufszyklus dabei ist, macht in der Regel einen guten Schnitt. Denkt man erst beim üblichen Sell-Out an den Verkauf, dann ver-

Riesengewinne an den interessantesten Weltbörsen

gisst man am besten die Gewinne und behält seine Papiere. Einen wirklich guten Investor erkennt man nicht zuletzt daran, dass er nie gezwungen ist, seine Aktien zu verkaufen. Wenn es hart wird, halten die Harten durch!

> **Praxis-Tipp:**
>
> Wer sein US-Engagement gerne durch Optionen ergänzt, kann sich diesen Wunsch problemlos erfüllen. Die New York Stock Exchange oder die größte Terminbörse der Welt in Chicago führen sämtliche Transaktionen mit Calls und Puts professionell und zuverlässig durch. Auch in der räumlichen Distanz steckt kein Problem.

Dieses Problem liegt vielmehr in den Spekulationen selbst begründet. Deshalb sollten Sie zur konservativen Variante in der Form greifen, wie sie im Kapitel über defensive Strategien (siehe Seite 59) beschrieben wurde. Zur Absicherung Ihres amerikanischen Aktienbestandes werden Sie entweder Stillhalter und verkaufen Call-Optionen oder Sie versichern Ihr Depot, indem Sie Put-Optionen kaufen. US-Optionen haben gegenüber EUREX-Optionen den Vorteil

- einer wesentlich größeren Auswahl
- und deutlich höherer Umsätze.

Echte Börsianer wissen das zu schätzen. Nimmt man dann noch die dramatisch höhere Volatilität der Terminmärkte hinzu, dann erscheint Frankfurt fast schon als ein Winzling. Eine Option kann durchaus während der ersten Börsenstunde 4,50 Dollar kosten, verkauft wird sie schließlich fünf Stunden später für 6,50 Dollar.

Achtung: Auf irgendeine Art und Weise sollte man sich in den USA immer absichern. Konservative Strategen, die Terminmärkte prinzi-

Profi-Tipps für Riesengewinne

piell meiden, tun das, indem sie den Dow oft seit Jahren oder Jahrzehnten im Griff haben. Je höher die Kurse in der Super-Hausse laufen, um so skeptischer werden sie. Denn sie haben die Börsenwelt Amerikas bis in alle Einzelteile zerlegt und historisch wie börsenpsychologisch seziert. Während der Crash von 1987 eher etwas für den Psychologen ist – denn damals lief man ganz einfach in selbst gestellte Fallen –, leitete der Schwarze Freitag von 1929 ein wirklich ökonomisches Unglück für die Vereinigten Staaten und die ganze Welt ein.

Alle Werte, selbst die allerbesten Blue chips, können drastisch an Wert verlieren – und darauf muss man sich vorbereiten. Nirgendwo mehr als an der Wall Street, der Königin aller Börsen. In der Super-Hausse wird die große Baisse geboren.

> **Praxis-Tipp:**
>
> Wer nicht nur das ganze Börsenwissen, sondern auch die ganzen Börsenemotionen internalisiert hat, der ist frei von jedem Übermut. Er steht über der Börsenhektik und ist den Profis überlegen. Ihm fallen die Riesengewinne zu. Sie sind ein normales Ergebnis seines Denkens, Fühlens und Handelns. Er beherrscht Amerika von Europa aus. Die Entfernung ist dabei nur eine willkommene Distanz, dämpft die Leidenschaft und erfüllt den ganzheitlich arbeitenden Börsenphilosophen mit Glück.

Japan

Worin besteht die Ausnahme, was ist der große Unterschied zu den anderen Weltbörsenplätzen? An keiner Börse sind die Aktienkurse so hoch geklettert und dann so tief gefallen. Und nirgendwo gibt es weniger Auslandsinvestitionen als an der Tokioter Börse. Es gibt noch eine Reihe anderer Unterschiede, die z. B. in den Usancen des Börsenhandels liegen, aber dies dürften die beiden wichtigsten sein.

Riesengewinne an den interessantesten Weltbörsen

Das wird sich in Zukunft ändern. Die hohe Volatilität bleibt Japan erhalten, die Auslandsinvestitionen werden stark zunehmen. Nippons Börse wird nach langjähriger Baisse attraktiv. Eine weitere lang anhaltende Baisse ist undenkbar, dafür ist die Leistungskraft des Landes zu hoch.

Wenn Sie eine vergleichbare Konstellation an einer anderen Börse entdecken, sollten Sie als Käufer zugreifen. Die fundamentalen Daten sind im Falle Japans noch nicht perfekt in Ordnung, aber sie reichen für überlegte Investments aus. Läuft die Wirtschaft wieder auf Hochtouren, dann haben die Kurse längst ein Top-Niveau erreicht, das keinen cleveren Spekulanten mehr hinterm Ofen hervorlockt. Dann schlägt die Stunde der Greenhorns.

Dennoch, so wie früher wird es nicht mehr sein. Die einheimischen Aktienkäufer sind wesentlich kritischer und distanzierter geworden. Sie haben auch viel Vertrauen verloren. Der Nimbus Japan als stets nur wachsender Wirtschaftsmarkt ist zerbrochen. Dazu haben die Immobilien- und Bankenkrise ebenso beigetragen wie eine falsche Wirtschaftspolitik. Letztere war sowohl von der Regierung als auch von den einzelnen Konzernen strategisch mangelhaft angelegt. Der Hauptfehler bestand im Wachstumsfetischismus, dem man zu lange huldigte. Hinzu kam, dass die Idee der Marktbeherrschungsstrategie an der realen Wirtschaftspraxis scheiterte.

Zum Glück, muss man sagen. Denn ansonsten wäre die Welt in einem Meer japanischer Produkte ertrunken. Die Europäer und mehr noch die Amerikaner haben schnell begriffen, hinzugelernt und hart gekontert.

Dies beweist, dass die Märkte funktionieren. Einzelne Länder können große außenwirtschaftliche Erfolge erzielen, doch es gelingt ihnen glücklicherweise nicht, Monopolstrukturen aufzubauen. Nun hat Nippon seine Lektion gelernt. Kannte man bislang keine Wachstumsgrenzen, nun kennt man sie. Eine große Liste von Negativszenarien, von denen man annahm, dass es sie nur in kapitalistischen Ländern westlicher Prägung gäbe, lässt sich nun auch für Japan

Profi-Tipps für Riesengewinne

erstellen. Die für die japanische Bevölkerung schwerwiegendste Konsequenz ist wohl die Arbeitslosigkeit. Man glaubte sie in Japan besiegt.

Nun greift bei den japanischen Managern eine neue Dynamik um sich. Sie wird zwar nicht in Bescheidenheit ausarten, aber man legt die Unternehmensziele realistischer und marktnäher an. Die Zeiten brutal-simpler Expansion sind vorbei. Im Endeffekt deutet alles auf einen neuen Angriff der Japaner hin, nur verkündet man diesen jetzt nicht mehr.

Gelingt ein ökonomischer Umstrukturierungsprozess, können Aktien enorm im Kurswert zulegen. Die Vereinigten Staaten haben uns das vorexerziert. Japan, nebst einigen europäischen Ländern, setzt an zum großen Spurt. Er kann lange anhalten und nach der Jahrtausendwende einmünden ins asiatische Zeitalter, dessen erste Führungsmacht Japan sein wird. Langfristig ist natürlich China die Nummer eins. Doch den Börsianern genügt zunächst ein Blick über die kommenden fünf Jahre hinweg. Alles Weitere ist so spekulativ, dass es sogar einem Börsenspekulanten zu viel ist. Die Welt ist immer noch für Überraschungen gut.

Läuft der kommende Boom nach Programm, dann haben alle Branchen gute Zukunftsaussichten. Besonders Hightech einschließlich Gentechnologie, aber auch die alten Industrien wie z. B. die Stahlproduktion sind noch nicht out. Zu Recht stürzen sich die ausländischen Anleger auf die altbewährten Haudegen der Hightech-Giganten wie Fujitsu, Hitachi oder Sony. „Sind zu hoch bewertet", sagen nun einige Börsenkenner. Das ist richtig, das waren sie jedoch bisher fast zu allen Zeiten. Die hohen Kurs-Gewinn-Verhältnisse gehören auch zu einer Besonderheit der japanischen Börse. Sie werden sich zwar in der Tendenz dem Niveau anderer Plätze angleichen, aber weiterhin über dem Durchschnitt bleiben. Akzeptieren Sie im Zweifel Kurs-Gewinn-Verhältnisse bis Höhe 50 und steigen Sie aus, wenn es darüber geht. Das Problem ist, dass die Inländer anders denken. Sie sitzen in der börsenpsychologischen Falle zwischen

Riesengewinne an den interessantesten Weltbörsen

westlichem Fundamentalismus und japanischem Denken. Sagt man aus rationaler Sicht nein, ist aber emotional anderer Meinung, sollte man in einem solchen Fall der Gefühlsdimension den Vorzug geben. – Nun zu Weltkonzernen voller Zyklik und Kraft.

Die Sony-Aktie eignet sich für Blue chips-Fans, die das konservative Lager bereits verlassen haben. Vom Blickwinkel der Weltmarke aus betrachtet, ist Sony auch für defensive Strategen geeignet. Die Kursdynamik spricht jedoch eher für eine Behandlung, wie sie zyklischen Aktien gleichkommt. Sie sollten sich dazu die tagesaktuellen Charts von Ihrer Bank besorgen.

Auffallend ist häufig ein bestimmter Gleichklang in der Kursentwicklung. Versierte Anleger ziehen daraus den Schluss, dass es genügt, in einen Wert dieser Branche zu investieren. Wenn Sie vor der konkreten Kaufentscheidung stehen, dann wählen Sie den Titel,

- der psychologisch und charttechnisch die stärksten Signale liefert (z. B. wenn er drastisch an Wert verloren hat, aber fundamentale Bedenken nicht bestehen),
- der sich fundamental am stärksten präsentiert,
- dessen Unternehmen den höchsten Forschungsetat ausgewiesen hat.

Alles, was Sie am Tag Ihrer Kaufentscheidung vorfinden, sind Daten von gestern und vorgestern. Deshalb sind die angeführten Ratschläge wichtig; besonders in Japan, wo die Aktienkurse prinzipiell anders als in Deutschland reagieren.

Japan-Spekulanten haben viel Geld verloren mit der Eisen- und Stahl-Aktie von Nippon Steel. Vom Strukturumbruch sind die traditionellen Unternehmen aus den alten Branchen stets besonders hart betroffen. Meistens ist man zu schwerfällig und rutscht beim Konjunktureinbruch schnell in die Verlustzone. Das wird auch in Zukunft nicht ganz zu vermeiden sein, doch das Management steuert die Firma jetzt marktkonformer. Die Anpassungsmechanismen werden

Profi-Tipps für Riesengewinne

hauptsächlich von technologischen Rationalisierungseffekten getragen. Im Falle einer Wachstumsdelle greift man zusätzlich zum Instrument des Stellenabbaus.

Gegenüber anderen dynamisch-zyklischen Aktien haben japanische Stahlpapiere den Vorteil, dass deren Zyklus leichter einzuschätzen ist. Er verläuft auch nicht so hektisch wie z. B. bei europäischen Automobilaktien.

Nicht nur in Deutschland, sondern auch in Japan können Aktien von Bauunternehmen in einen Abwärtsstrudel hinabgezogen werden. Nach dem Erbeben von Kobe spekulierten viele mit Bauwerten. Der Wiederaufbau sollte die lahme Industrie wieder auf Touren bringen. Diesen Grundgedanken kann man leicht nachvollziehen, er ist einleuchtend. Dennoch ging die Spekulation nicht auf. Die Mittel waren zu knapp. Noch ein Jahr nach dem Beben saßen viele Bewohner in Notunterkünften. Für die breite Masse ging der Aufbau nur schleppend voran. Lediglich die Villen der wohlhabenden Schicht wurden rasch wiedererstellt. Das reichte für den großen Boom am Bau nicht aus.

Aber nach sechs bis sieben Jahren Baisse werden die großen Bauunternehmen sich wieder erholen. Jede Krise hat glücklicherweise auch eine Menge Vorteile. Die Konzerne specken ab und konzentrieren sich auf das Wesentliche. Das bringt zwar alleine noch keine zusätzlichen Aufträge, reduziert aber die Kosten enorm. Beim ersten Aufflackern einer sich neu abzeichnenden Baukonjunktur starten die Unternehmen durch. Ebenso die Aktionäre.

Entscheiden Sie sich für einen auch in Deutschland gehandelten Giganten, den Bau- und Baustoffkonzern Taisei Corporation.

Wichtig: Vergleichen Sie den aktuellen Kursverlauf mit deutschen Bau-Aktien wie z. B. Hochtief.

Einen Turnaround mit Bautiteln steht kaum ein Anleger voll durch. Wer von vornherein weiß, dass seine Nerven dies nicht mitmachen, sollte am besten gleich zur Trading-Strategie übergehen. Man lernt dabei den Titel gut kennen und kann mehrfach Kasse machen. Da man frühmorgens bereits die Schlusskurse vom Kabuto Cho abrufen kann, weiß man in etwa, zu welchem Kurs an der Frankfurter Börse gehandelt wird.

Mit zu den stärksten japanischen Aktien, die sich auch in Krisenzeiten gut halten, zählt Canon. Exzellente Produkte und eine ebensolche Vertriebsstruktur bringen dem Unternehmen dauerhafte Erfolge. Wem volatile Zykliker wenig liegen, der sollte auf die stabileren Canon-Aktien setzen. Als andere Aktien noch weiter abstürzten, befand Canon sich im Aufwärtstrend.

Eine Branche sahnt besonders dann kräftig ab, wenn die Umsätze an der Börse in voller Breite nach oben schnellen. Einerlei, ob Aktien oder Bonds, die Broker verdienen ihre Provisionen und Gebühren. Ein Star dieser Branche ist das Brokerhaus Nomura. Börsianer schätzen ebenfalls die subtilen Hintergrundberichte aus der Research-Abteilung. Dort erfährt man alles über sämtliche Aktien der Welt, nur bei der Einschätzung des eigenen Hauses hält man sich zurück.

Sehr spekulativ orientierte Anleger werden sich gelegentlich auf dem Feld der japanischen Optionsscheine bewegen. Hier sind innerhalb kürzester Frist hohe Gewinne möglich. Der Markt ist jedoch nur etwas für Könner, die hart rechnen und Profite schnell mitnehmen. Nervenstarke Börsianer bevorzugen dabei Kurzläufer und achten mehr auf die kurzfristige Tendenz als auf das Aufgeld. Sensiblere Anlagenaturen kaufen schließlich Optionsscheine mit möglichst langer Laufzeit. Nur unter diesen Umständen kann man eine länger anhaltende Verlustphase durchstehen. Kurzzeit-Spekulanten, die eine Fehlentscheidung getroffen haben, lernen gnadenlos die Macht der Zeit kennen.

Profi-Tipps für Riesengewinne

> **Praxis-Tipp:**
> Da die japanische Börse grundsätzlich für Europäer schwieriger zu durchschauen ist – von beherrschen schon gar keine Rede –, haben viele Anleger Schwierigkeiten bei der Auswahl von Einzelaktien. Das ist verständlich, und es gibt eine Alternative. Wer vom Aufschwung in Japan profitieren will, kann das auch mit Index-Optionsscheinen tun. Das ist zwar etwas spekulativer, dafür kauft man aber den gesamten Markt und verheddert sich nicht in Einzelpositionen.

Es ist generell eine vernünftige Basis-Strategie, ganze Märkte zu kaufen. Die meisten Indizes sind leichter vorherzusagen als die Entwicklung einzelner Werte. Das trifft sogar für den japanischen Nikkei-225-Index zu. Zudem wird man mit der Zeit Spezialist für Kurz-, Mittel- und Langfrist-Trends. Selbst wenn ein Teil der Transaktionen mit unvermeidlichen Verlusten abschließen sollte, verbleibt auf lange Sicht ein riesiges Plus. Vermutlich ist dies die sicherste Strategie, um die japanischen Samurai zu besiegen.

Der Goldmarkt

Alles hat seine Zeit. Davon können sich auch ganz große Sachen – und Gold ist groß – nicht befreien. Dieses edle Metall wurde schon oft von einer außerordentlichen Spekulationswelle erfasst. Schwappt sie hoch, kann man sich ihr kaum entziehen, obwohl gerade dann die größte Gefahr lauert. Aber dem Gold rational begegnen, das schafft man auch nicht.

In Zeiten einer florierenden Wirtschaft, verbunden mit großer politischer Stabilität, scheren sich die Spekulanten wenig ums Gold. Dann bleibt die Nachfrage der Schmuckindustrie und den Zahnarztpraxen vorbehalten. Die Spekulation betrachtet Gold als Krisenmetall. Sie wartet auf Staats-, Finanz- und Währungskrisen.

Riesengewinne an den interessantesten Weltbörsen

Stabile Finanzhaushalte der Regierungen und stabile Währungen haben einen hohen Stellenwert. Wer fest daran glaubt, braucht nicht ins Gold zu gehen. Goldspekulanten glauben vielmehr an schwache Währungen und an kommende Dauerkrisen.

Außer Krisen gibt es jedoch noch andere Gründe, die einen Anstieg des Goldpreises bewirken können:

- steigende Nachfrage
- Angebotsengpässe
- neue Interessenten kommen auf den Markt
- Inflationsängste
- Kriegsängste
- Anlegerpsychosen

Die stetig steigende Nachfrage ist bereits Realität. Sie wurde jedoch bis jetzt immer durch steigende Produktionszuwächse befriedigt.

Japan, Indien und der Nahe Osten waren und sind für die Nachfrage beim Gold mitverantwortlich. Treten neue Nachfrager auf den Plan, z. B. China, so werden die Preise nach oben klettern. Gold wird wieder interessant! Euphorie ist jedoch ein schlechter Ratgeber, denn bei steigenden Preisen überlegen sich die Minenbesitzer, ob sie nicht ihre Produktionsanstrengungen verstärken sollen. Möglicherweise werden auch alte, bisher unrentable Minen reaktiviert. Das alles, das gesamte Spiel von Angebot und Nachfrage, ist sorgfältig zu beobachten.

Denkbar ist auch, dass die Anbieter bei nach oben tendierenden Preisen ihre Absatzstrategie ändern. Sie können das Edelmetall zusätzlich verknappen, indem sie den Rohstoffbörsen weniger Gold per Termin zur Verfügung stellen. Die Terminverkäufe waren für die Produzenten vor allem in Zeiten niedriger Goldpreise eine gute Absicherung und Stütze. Sie müssen aber keine Institution auf Dauer sein.

Profi-Tipps für Riesengewinne

Ob es wieder zu einer Golddeckung, zu einem Goldstandard der Währungen kommt, ist fraglich. Früher war das einmal beim US-Dollar der Fall. Heute ist die Währung durch Leistung und durch den täglich festgestellten Marktpreis abgesichert. Jedermann kann die schwachen Währungen auf einen Blick erkennen und herausfiltern. Würden einzelne Notenbanken dennoch dazu übergehen, bedeutete dies einen enormen Run auf Gold.

Achtung: Inflationsängste werden immer eine Rolle spielen, da Preise stets die Tendenz haben, zu steigen. Zwar sind derzeit auch deflationäre Entwicklungen erkennbar, doch werden inflationäre die Oberhand behalten.

Der Krieg im ehemaligen Jugoslawien macht deutlich, dass Kriegsängste nichts Irrationales sind. Zum furchtbaren menschlichen Leid kommen wirtschaftliche Stagnation und Inflation hinzu. Wer vor dem Kriegsausbruch Geld in Gold tauschen konnte, war gut dran. Nach dem Krieg hatte er im Verhältnis zu den Geldbesitzern ein kleines Vermögen in der Tasche.

Anlegerpsychosen sind keine Seltenheit. Grundsätzlich kann jedes Anlageobjekt davon betroffen sein. Wo es Märkte gibt, kommt es gegentlich zu Übertreibungen, die in Massenpsychosen ausarten können. Historisch das bekannteste Beispiel hierfür sind die berühmt gewordenen holländischen Tulpenzwiebeln. Später stürzte man sich auf Wertpapiere, und auch Gold blieb davon nicht ausgenommen. Während solcher Phasen hält man sich generell vom Markt fern und überlässt ihn den Psychotikern.

Da am Goldmarkt überwiegend starke Kräfte agieren, sind diese Gefahren nicht ganz so groß. Sollte Gold jedoch zum Medienstar avancieren, dann sind durchaus explosive Ausbrüche und Übertreibungen vorstellbar.

Riesengewinne an den interessantesten Weltbörsen

Beispiel:

Die letzte große Hausse datiert von 1980, als man den Preis kurzfristig auf 880 US-Dollar pro Feinunze hinauftrieb. Danach stürzte er ab und erlebte seither kein ähnliches Comeback mehr. In den neunziger Jahren wurde der Goldkauf dann geradezu langweilig, sofern man im massiven Bereich verblieb. Der Preis wird in den nächsten Jahren wieder steigen.

Die Frage lautet nun, wie beteiligt man sich am besten, wie profitiert man vom Anstieg? Zunächst die zwei extremen Möglichkeiten:

Erzkonservative Anleger

Sie wollen Gold in massiver Form besitzen, da sie das Vertrauen in fast alle Institutionen verloren haben. Ein Goldzertifikat, das sie als Eigentümer ausweist, genügt ihnen nicht, der Besitz ist ihnen wichtig. Also kaufen sie Goldbarren und Goldmünzen. Die sollten allerdings sofort in den Safe wandern.

Hochspekulative Goldfans

Diese Spezies hängt nicht am Massivgold. Für sie ist Gold eines unter vielen Anlageobjekten. Lediglich die Preisschwankungen interessieren. Deshalb spekuliert man mit Goldoptionen per Termin. In dieser höchsten Risikostufe sollten sich aber nur einige Auserwählte bewegen.

Die Vor- und Nachteile beider Anlagemodelle liegen auf der Hand. Im ersten Fall erhält man keine Rendite und muss für die sichere Aufbewahrung noch bezahlen. Kleinere Kursausschläge motivieren nur wenig zum Verkauf, so dass man meistens auf seinem Bestand sitzen bleibt und nicht mehr anlegt, sondern hortet. Der Hauptvorteil ist in der Sicherheit zu sehen. Durch die Abschaffung der Mehrwertsteuer auf Goldmünzen hat man deren Verkauf etwas erleichtert.

Profi-Tipps für Riesengewinne

Im zweiten Fall spielt Gold nur eine Nebenrolle, so dass man von echter Goldspekulation nur bedingt sprechen kann. Echte Goldspekulanten identifizieren sich nämlich mit dem Edelmetall. Sie sind von der Schönheit und vom zeitlosen Wert fasziniert. Die Terminbörse hat den Vorteil, dass man auch kleinste Kursschwankungen zu Geld machen kann. Eine wirklich große Hausse, die längere Zeit anhält, macht man jedoch nur selten mit. Dafür ist die Angelegenheit zu heiß bzw. sind die Optionen zu kurzfristig. Größere Gold-Hausse-Zyklen hält durch, wer sein Risiko überschauen und tolerieren kann, ohne deshalb ein Schmalspurspekulant zu werden.

Die Chance dazu wird mit der dritten Alternative geboten:

Goldminen-Aktien

Mit ihnen erwirbt man Anteile an den Goldproduzenten. Die bedeutendsten haben ihren Sitz in Südafrika, USA, Kanada und Australien. Goldminen-Aktien stellen die dynamischste aller Anlagen in Gold dar.

In der Regel steigen und fallen die Minen-Aktien im Gleichklang mit dem Goldpreis. Das muss jedoch nicht immer so sein. Es gibt Gesellschaften, die es ausgezeichnet verstehen, Gold über den Terminmarkt zu verkaufen und abzusichern. Dadurch kommt es zu dem Phänomen, dass einige Aktien trotz stagnierender Goldpreise steigen.

> **Praxis-Tipp:**
>
> Vergleichen Sie die aktuellen Kursverläufe der nachfolgend genannten Goldminen-Aktien!

Für dynamische Trader sind Goldminen nahezu immer interessant. Auch in der Flaute. Setzen Sie die kanadische „Barrick Gold Corporation" auf Ihre Spekulationsliste. Dieses Unternehmen beherrscht die Strategien und Taktiken an den Terminmärkten. Und wenn der

Riesengewinne an den interessantesten Weltbörsen

Goldpreis nach oben ausbricht, wird das Unternehmen enorme Zusatzprofite einfahren. Man spricht dabei von Windfall-Profits, da die Gesellschaft ohne zusätzliche Anstrengungen Gewinne erzielt. Die Produktions- und Förderkosten bleiben unverändert – der Marktpreis steigt.

Barrick ist ein besonderer Glücksfall. Die vergangenen Kurssteigerungen sind kaum wiederholbar; innerhalb von vier Jahren hat sich der Kurs fast verfünffacht. Gute Tradinggewinne sind jedoch immer drin. Gewiefte Spekulanten kaufen und verkaufen dieses Papier mehrfach im Laufe eines Jahres. Fünf mal zwanzig Prozent sind auch hundert Prozent. Im Falle einer echten Goldhausse sollte man die Aktie natürlich durchhalten.

Zu den internationalen Top-Titeln der Goldbranche gehört auch die südafrikanische Holding Anglo American Corporation (AAC). Die Aktie brachte schon öfters Gewinne von 100 Prozent oder 200 Prozent. Nach diesen Ausnahmejahren geht man nun zu einer stetigeren Kursentwicklung über. Zusammen mit Barrick handelt es sich hier um Tradingaktien der Sonderklasse. Das politische Risiko Südafrikas ist nun neu zu gewichten und längst nicht mehr so hoch einzuschätzen wie in vergangenen Zeiten. Aufgrund zahlreicher wirtschaftlicher Verflechtungen mit starken Partnerländern ist eine deutliche Stabilität erkennbar. Diese wird in Zukunft weiter ausgebaut, so dass Spekulanten keinen Grund haben, von Investitionen in Südafrika abzusehen.

Gelegentlich wird AAC mit Anglo American Gold verwechselt, das ebenfalls an deutschen Börsenplätzen gehandelt wird. Entscheiden Sie sich im Zweifelsfall lieber für die große Holding AAC mit ihren Beteiligungen an weltbesten Unternehmen wie z. B. De Beers.

Will man das Höchstrisiko von Optionen vermeiden, aber dennoch hochspekulativ operieren, so sind Goldminen-Aktien genau das Richtige – Spekulantenpapiere der Sonderklasse. Vom perfekten Turnaround bis hin zu hektischen Tradinggeschäften ist mit diesen Pa-

Profi-Tipps für Riesengewinne

pieren alles möglich. Bei großen Goldhaussen, wie sie in den nächsten Jahren erwartet werden, können diese Titel eruptiv nach oben schießen.

Alle erörterten Aktien sowie die im Folgenden genannten können Sie spesengünstig in Deutschland erwerben. An die jeweilige Heimatbörse sollten ausschließlich Investoren gehen, die größere Summen anlegen wollen.

Auswahl interessanter Goldminen-Aktien

Diese Goldminen-Aktien werden an deutschen Börsenplätzen gehandelt.

- **Australien**
  - Central Norseman
  - Newcrest Mining
  - Normandy Mining
  - WMC

- **Kanada**
  - Echo Bay Mines
  - Barrick Gold
  - Placer Dome

- **Südafrika**
  - Driefontein
  - Anglogold
  - De Beers (Diamanten + Gold)

- **USA**
  - Homestake
  - Minorco
  - Newmont Gold

Mit Börsen-Exoten Gewinne erzielen

Zu den künftigen Gewinnern gehören die nachfolgend aufgeführten Länder. Sie haben in den nächsten fünf bis zehn Jahren riesige Chancen. Kluge Investoren können sich daran beteiligen.

Asiatischer Raum

Korea

Korea besitzt eine starke Ökonomie mit einigen demokratischen Defiziten, die in den nächsten Jahren ausgeräumt werden und die Wirtschaft weiter nach vorne bringen. Eine Wiedervereinigung mit dem Norden ist in Sicht. Wenn sie kommt, wird man sie in jedem Fall anders als in Deutschland meistern. Der Trend an der Börse von Seoul wird nach oben zeigen. Die große Wirtschafts- und Finanzkrise wird überwunden.

Mögliches Investment: Korea Fund, in Deutschland im Freiverkehr spesengünstig gehandelt.

Singapur

Sämtliche Unternehmen von Rang haben die Bedeutung dieses Landes als Standort erkannt. Der weitere ökonomische Aufstieg ist vorprogrammiert. Die Politik sorgt für Stabilität. Wichtige Zukunftsmärkte liegen vor der Haustüre.

Investment: zahlreiche Fonds + einzelne Aktien

China/Hongkong

Zwei völlig verschiedene Systeme werden vereint. Dabei bestehen politische Risiken, da man in China Aussagen macht, die den Hongkong-Bewohnern nicht immer gefallen. Vorsichtige warten erst einmal ab, wie man sich im Reich der Mitte tatsächlich verhalten wird.

Profi-Tipps für Riesengewinne

Langfristig ist der Markt unersättlich, die wirtschaftlichen Chancen sind riesig. Wer sich vom asiatischen Zeitalter Erfolge verspricht, muss hier dabei sein. Welchen Status haben ausländische Aktionäre? Veränderungen sind zu erwarten.

Investments: etliche Aktienfonds + einzelne Aktien. Dabei langfristig mehr auf das chinesische Festland als auf Hongkong setzen. Hongkong dürfte etwas verlieren – zu Gunsten der gesamten Volksrepublik.

Indien

Die Wirtschaftskraft des Subkontinents wird häufig unterschätzt. Wer die Armut sieht, sollte auch die zunehmende Mittelschicht von über 300 Millionen Menschen sehen. Sie haben die Fesseln abgelegt und streben nach vorne. Man sucht den Erfolg für sich, für die Familie. Das Wort Konsum hat einen neuen Stellenwert. Erhält man gleichzeitig die uralten Traditionen, hat das Land eine gute Zukunft.

Ökonomisch ist vieles akzeptabel. Atomares Know-how ist ein Beleg für das wissenschaftlich-technologische Können. Politisch können Konflikte auftreten. Die Grenze zu Pakistan birgt viel Zündstoff in sich. Vorsichtige Investoren bleiben bei kurz- bis mittelfristigen Tradings.

Investments: India Growth Fund, in Deutschland im Freiverkehr gehandelt.

Wichtig: Etliche andere südostasiatische Staaten haben nach der Krise ebenfalls ausgezeichnete Chancen auf den Weltmärkten. Zu ihnen gehören:

- Thailand
- Malaysia
- Indonesien
- Taiwan (Politik Chinas beachten)
- Vietnam (marktwirtschaftliche Erneuerung braucht noch etwas Zeit)

Investments: zahlreiche Fonds, die einzelne Länder oder sämtliche Länder in sich vereinen. Die langfristigen Chancen sind ausgezeichnet, da all diese Länder mit der harten Ökonomie der künftigen Jahre weniger Probleme haben.

Mittel- und südamerikanischer Raum

Mexiko

Zweifellos wird Mexiko wirtschaftlich weiter aufsteigen. Die eigene Dynamik sowie das Interesse der USA wird nicht zuletzt dafür sorgen. Problematisch ist gelegentlich die Innenpolitik sowie die Währungspolitik. Bis jetzt wurde jedoch jede Peso-Krise von den Vereinigten Staaten aufgefangen. Das kratzt zwar am Außenwert des Dollars, bringt aber langfristig Gewinn.

Investments: Mexiko-Fund + Einzelwerte, von denen Telefons de Mexico der bekannteste ist und mitunter riesige Umsätze an der Wall Street hat. Für Trader ein Paradies, das Riesengewinne bringt!

Brasilien

Die im Land verbreitete Armut ist erschreckend. Dennoch gibt es eine große ökonomische Zuversicht. Der Mittelstand strebt rasch vorwärts. Investitionserleichterungen beschleunigen das Wachstum. Ausländische und einheimische Unternehmen haben alle Vorteile. Die typischen Lateinamerika-Risiken sind jedoch zweifellos vorhanden: nicht immer stabile Innen- und Währungspolitik. Deshalb lauten die Empfehlungen auch hier auf Trading!

Investments: Brazil Fund + Einzelaktien

Wichtig: Weitere südamerikanische Länder mit äußerst großen Chancen:

- Argentinien
- Chile

Profi-Tipps für Riesengewinne

Andere Länder wie Venezuela, Kolumbien, Ecuador, Peru, Bolivien, Paraguay und Uruguay gehören derzeit auf die Beobachtungsliste. Die Rahmenbedingungen müssen dort noch erheblich verändert werden. Schneller als gedacht wird dies vermutlich auf Kuba geschehen. Schon werden Kuba-Fonds in den USA gehandelt. Sobald Fidel Castro das Zepter endgültig aus der Hand gibt, wird sich eine neue – man kann für Kuba auch sagen alte – Ökonomie ausbreiten. Der Aufschwung des Landes ist dann nur eine Frage der Zeit. Die Menschen sind ausgepowert und werden sich entsprechend einsetzen, sobald sie es für sich selbst tun können. Ein neuer Geist wird über die Insel wehen. Man wird dann nicht nur vom Tourismus leben. Defensive Anleger warten noch etwas ab – es wird nicht lange dauern, bis die ersten seriösen Anlageprodukte auf dem europäischen Markt sind.

Osteuropäischer Raum

Tschechische Republik

Schnell hat die Marktwirtschaft Fuß gefasst. Es ist müßig, hier weitere ökonomische Fortschritte zu prophezeien.

Investments: Fonds und einzelne Aktien wie z. B. CEZ (Energie) stellen eine Anlage mit kalkulierbarem Risiko dar.

Ähnliches gilt für Länder wie:

- Ungarn
- Slowakische Republik
- Polen
- Slowenien

Die Wirtschaft dieser Länder wird sich positiv entwickeln. Langfristig orientierte Anleger werden große Gewinne einstreichen können. Berücksichtigt werden muss jedoch die Marktenge der Papiere. Ausländische Fondsmanager treiben oft genug die Kurse in die

Mit Börsen-Exoten Gewinne erzielen

Höhe. Sie brechen dann wieder zusammen, wenn die Anleger ihr Geld sehen wollen. Der Verkaufsdruck schwappt dann meist wellenartig über sämtliche Ost-Börsen hinweg und zieht alle in den Keller. Die besten Chancen haben Trader.

Der gesamte osteuropäische Raum wird natürlich von einer Macht dominiert, an die wir meist zuerst denken: Russland. Es gibt nahezu kein Investment im Osten, das diesen Faktor nicht zu berücksichtigen hat. Die Ökonomie und im Besonderen die Politik Russlands beeinflussen die künftige Entwicklung am stärksten. Und von einer harten Ökonomie kann man hier noch nicht sprechen. Aber sie wird kommen. Was noch fehlt, sind eine zuverlässige, stabile Innen- und Außenpolitik sowie klare gesetzliche Grundlagen für Investitionen – besonders für jene im Aktienbereich. Es gibt bis jetzt noch kein Aktiengesetz, also muss man vorsichtig sein.

Wichtig: Sobald die Situation einigermaßen geklärt ist, haben mutige Anleger ihr Eldorado gefunden. Vermutlich winken hier die höchsten Gewinne überhaupt. Setzen Sie dann auf Energie-, Aktien-, Rohstoff-Titel und auf Finanz-Institute sowie auf Konsumwerte, die den breiten Konsum abdecken. Das ist die Basis für Riesengewinne auf den Emerging Markets des Ostens. Gazprom und Lukoil gehören zu den interessantesten Aktien.

Achtung: Nicht nur in der Konkurrenz der Länder untereinander wird es Auf- und Absteiger geben. Auch die Anleger werden je nach ihrer Persönlichkeitsstruktur und ihren Neigungen zu Gewinnern und Verlierern gehören. Wer wird in Zukunft verlieren? Wer wird gewinnen? Zu den Verlieren gehören ganz bestimmt zwei Anleger-Gruppen:

- Die erzkonservativen Anleger, die alles am liebsten in Geld halten wollen. Zwar gibt es stabile Währungen, doch die Zeiten, damit reich zu werden, sind vorbei. Bestenfalls magere Zinsen, denen immer noch eine Inflationsrate entgegensteht. Die Steuer kommt hinzu.

Profi-Tipps für Riesengewinne

- Die Spieler. Sie verfügen über keinerlei Strategie und Taktik. Meist bewegen sie sich am oberen Rand der höchstspekulativen Szene. In the long run verliert man dort immer, auch wenn einige Kurzfristgewinne vorübergehend neue Hoffnung auf Superreichtum aufflackern lassen. Das ist nicht nur ein Strohfeuer, sondern das ferne Licht der Neutronenbombe, die früher oder später das gesamte eingesetzte Vermögen vernichtet.

> **Praxis-Tipp:**
>
> Gewinnen werden dagegen Strategen und Taktiker mit klaren Grundsätzen. Halten Sie sich an die hier vorgegebene Linie. Weichen Sie subjektiv nur so viel ab, wie Ihre Persönlichkeit zulässt. Hängen Sie nicht am Geld, sondern kaufen Sie echte Werte, die Zukunft haben. Aktien von starken Gesellschaften sind langfristig unbesiegbar. Für die besten werden Sie in Zukunft Knappheitspreise bezahlen müssen. Wohl dem, der frühzeitig die neue Ökonomie begriffen und umgesetzt hat, denn der ist zu günstigen Preisen eingedeckt.

Die künftige Härte schafft Klarheit. Die Märkte werden transparenter und ehrlicher. Eine wunderbare Basis für Riesengewinne an der Börse. Aber es klappt nur mit der richtigen Einstellung und mit Disziplin. Erfolgsspekulanten und Börsenkünstler brauchen mehr Disziplin als Fremdenlegionäre.

Börse konkret

Liebe Leserinnen und Leser,

an der Börse haben Sie stets eine Situation vor sich, die Sie zunächst einmal analysieren sollten. Zumindest einen guten Pressekommentar zum Börsengeschehen haben Sie dabei immer zur Hand. Viele Berichte der Wirtschafts- und Börsenjournalisten sind wirklich brauchbar. Fügen Sie all das hinzu, was Sie für wichtig erachten. Lassen Sie sich nicht die Methode aufdrücken. Es gibt sie nicht. Der erfolgreiche Anleger ist immer Einzelgänger. Trotz vieler Analysen und Charts strebt er nicht nach Detailkenntnissen. Ihm ist an der ganzen Situation gelegen. Sinnvolle Einzeldisziplinen verschmelzen zur Börsenphilosophie.

Nun ist ein Philosoph in der Regel ein Theoretiker. Deshalb muss die pragmatische Komponente noch hinzukommen. Auf seine zynische Weise brachte es z. B. George Bernhard Shaw zum Ausdruck: „Wer nichts kann, lehrt, wer etwas kann, tut!" Der lehrende Philosoph muss seine Theorien in der konkreten Praxis beweisen. Kann er das nicht, sind sie entweder falsch oder aber er kann sie nicht praktisch umsetzen. Umgekehrt taugt aber ein theorieloser Praktiker auch nicht viel für die Börsenwelt.

Heute und in Zukunft verschieben sich ganze Märkte und Strukturen. Die alten Industrien wurden inzwischen von Systemen überholt, die mittlerweile selbst zu den veralteten zählen. Hinzu kommt der ungeheure Umbruch auf den Weltmärkten, der die aktuelle Rangfolge der leistungsstärksten Volkswirtschaften erheblich verändern wird. Die Gewinner muss man rechtzeitig aufspüren.

Franz Rapf

G U T S C H E I N

Aktuelle Börsenfavoriten

Wenn Sie die aktuellen Börsenfavoriten von Franz Rapf kennen lernen möchten, schreiben Sie einfach an:

Franz Rapf
Aktionärsclub Südwest
Remsstraße 108
73614 Schorndorf

Tel.: 0 71 81 / 6 26 77
Fax: 0 71 81 / 6 28 78

Meine Adresse:

_____
Name, Vorname

_____
Straße, Haus-Nr./Postfach

_____
Postleitzahl, Ort

_____
Telefon

_____
Telefax

(Bitte geben Sie Ihre Adresse vollständig und gut lesbar an, ggf. mit Telefon und Fax. Danke.)

Findex

Aktien 30
- Automobilaktien 72
- Bau-Aktien 74
- Goldminen-Aktien 162, 164
- Inhaberaktien 31
- Minen-Aktien 162
- Namensaktien 31
- Stammaktien 31
- Standard-Aktien 64
- vinkulierte Namensaktien 31
- volatile ausländische Aktien 77
- volatile deutsche Aktien 77
- Vorzugsaktien 32
- zyklisch-dynamische Aktien 75

Aktien-Indizes 38
Aktienfonds 33
Anlegertypen 139
Anlegerverhalten 47
Anleihen
- Auslandsanleihe 30
- Bundesanleihe 57
- Industrieanleihe 28, 57
- Staatsanleihe 28, 57

Anteilseigner 45
Aufgeld 34
Auslandsanleihen 30
Automobilaktien 72

Basispreis 36
Basiswert 88
Bau-Aktien 74
Bonität 28, 33
Bonussparen 56
Börsen-Exoten 165
- asiatischer Raum 165
- mittel- und südamerikanischer Raum 167
- osteuropäischer Raum 168

Börsen-Tagebuch 50, 52
Börsen-Umsätze 43
Börsenindikatoren 39, 125
- Anteilseigner 45
- Börsen-Umsätze 43
- Charts 44
- internationale Indizes 43
- Liquidität 42
- Politische Entscheidungen 42
- Steuern 42
- Unternehmensgewinne 41

Findex

- Währungen 44
- Zinsen 39

Börsenspekulation 13
Börsentyp 17
- Börsenjobber 19
- Naive 22
- Romantiker 22
- Stratege 23
- Taktiker 25
- Zocker 18

Bull-Market 126
BUND-Future 38, 90
Bundesanleihen 57

Call 89
Chancenpotenzial 77
Charts 44
Closing 93
Commodity-Futures 89
Covered Warrants 81

DAX 90, 125
DAX-Future 38, 90
Derivate 80
Diskontsatz 40
Dividende 60
Dividendenausschüttungen 30
Dow-Jones-Index 82, 125

Emerging Markets 44, 169
Emissionsgewinn 101
Emittent 28
Erstausgabepreis 101
EUREX-Terminbörse 37, 64

Fehleranalyse 136
Festgeld 56

Floater 30
Fonds
- Aktienfonds 33
- Gemischte Fonds 33
- Geschlossene Fonds 34
- Immobilienfonds 33
- Investmentfonds 33
- Offene Fonds 33
- Publikumsfonds 34
- Rentenfonds 33
- Spezialfonds 34
- Spezialitätenfonds 33

Frontrunning 121
Futures 38, 77, 89
- BUND-Future 90
- Commodity-Futures 89
- DAX-Future 90

Geld-Persönlichkeit 112
Geldvermögen 12
Gemischte Fonds 33
Genussscheine 32
Geschlossene Fonds 34
Goldmarkt 158
Goldminen-Aktien 162, 164

Hebelwirkung 94

Immobilienfonds 33
Industrieanleihe 28, 57
Industrieunternehmen 57
Inflationsrate 87
Inhaberaktien 31
Insider-Regel 122
Internationale Indizes 43
Investmentfonds 33

Kaufoption 92
Kaufoption (Call) 36, 37
Kreditspekulation 96
Kreditzinsen 95
Kurs-Gewinn-Verhältnis 41, 101, 125
Kursabsicherung 71
Kursdynamik 75
Kursschwankungen 78
Kursverlauf 44, 47
Kurszusätze 46, 47
kurzfristige Spekulation 104

Langfristige Spekulation 104, 106
Laufzeit 29
Leerverkauf von Aktien 92
Liquidität 42, 84, 119
Liquiditätsreserve 118

Margin 90
Margingrenze 91
Marktzinsen 95
Minen-Aktien 162
Mittelfristige Spekulation 104, 105

Nachschusspflicht 91
Namensaktien 31
Neuemissionen 100, 101
Neuer Markt 25

Offene Fonds 33
Optionen 36, 77, 87
   – Kaufoptionen (Call) 36
   – Verkaufsoption (Put) 37
Optionsbörsen 89

Optionsprämie 88
Optionsscheine 34, 77, 80
   Call-Optionsschein 35
   – Call 35
   – Put 36

Politische Entscheidungen 42
Publikumsfonds 34
Put 89
Put-Optionsschein 36

Qualität 119

Rendite 60
Renten 28
Renten-Indizes 38
Rentenfonds 33
Rentenmarkt 29
Risiko-Kapital 114

Short call 92
Sparbuch 54, 56
Sparzins 57
Spekulationen
   – auf Kredit 97
   – kurzfristige 104
   – langfristige 104
   – mittelfristige 104
Spezialfonds 34
Spezialitätenfonds 33
Staatsanleihen 28, 57
Stammaktien 31
Standard-Aktien 64
Steuern 42
Stillhaltergeschäfte 66
Stillhalterprämie 65

Findex

Straight Bonds 29
Strategie für Sparer 55
Strategien
- aggressive Erfolgsstrategie 77
- aggressive Termin-Strategie 92
- defensive Strategie 59
- Dynamit-Strategie 94
- Neuemissionen 100
- Strategie für Sparer 55
- zyklisch-dynamische Strategie 71

Termingeschäfte 38
Terminkontrakte 89, 91
Terminmärkte 151
Tilgung 29
Timing 86, 119
Tradingpapiere 75
Triple-A-Rating 57
Turnaround 78

Umlaufrendite 28
Umsatz- und Gewinnentwicklung 60
Unternehmensgewinne 41

Verkaufsoption 68
Verkaufsoption (Put) 36, 37
Vermögensplanung 113
Vermögensstrategie 13
Verzinsung 29
Vinkulierte Namensaktien 31
Volatile ausländische Aktien 77
Volatile deutsche Aktien 77
Volatilität 151, 153
Vorzugsaktien 32

Währung 30, 44
Wall Street 148
Wandel- oder Optionsrecht 32
Weltbörsen 126, 144
- Japan 152
- Wall Street 148
Wertpapiere, festverzinsliche 28

Zeitwert 84
Zinsausschüttung
- feste 32
- variable 32
Zinsen 28, 39, 57
Zusatzrendite 64
Zyklisch-dynamische Aktien 11, 75, 110